名人家风丛书

天地之大德曰生

——张謇与张氏家风

名人家风丛书

天地之大德曰生

——张謇与张氏家风

徐梓 主编
江露露 著

中原出版传媒集团
中原传媒股份公司
大象出版社
·郑州·

图书在版编目(CIP)数据

天地之大德曰生：张謇与张氏家风 / 江露露著.— 郑州：大象出版社，2018.6
(名人家风丛书 / 徐梓主编)
ISBN 978-7-5347-9822-1

Ⅰ.①天… Ⅱ.①江… Ⅲ.①家庭道德—中国②张謇(1853-1926)—家族—史料 Ⅳ.①B823.1②K820.9

中国版本图书馆 CIP 数据核字(2018)第 128932 号

名人家风丛书
徐 梓 主编
TIANDI ZHI DADE YUE SHENG
天地之大德曰生
——张謇与张氏家风
江露露 著

出 版 人 王刘纯
总 策 划 郑强胜
责任编辑 郑新梅
责任校对 裴红燕
书籍设计 王 敏

出版发行 大象出版社(郑州市开元路 16 号 邮政编码 450044)
发行科 0371-63863551 总编室 0371-65597936
网 址 www.daxiang.cn
印 刷 洛阳和众印刷有限公司
经 销 各地新华书店经销
开 本 890mm×1240mm 1/32
印 张 7.75
字 数 163 千字
版 次 2018 年 6 月第 1 版 2018 年 6 月第 1 次印刷
定 价 31.00 元
若发现印、装质量问题，影响阅读，请与承印厂联系调换。
印厂地址 洛阳市高新区丰华路三号
邮政编码 471003 电话 0379-64606268

总　序

一个人有一个人的气质，一个国家有一个国家的性格。一个家庭在长期的延续过程中，也会形成自己独特的风气。这样一种看不见的风尚习惯、摸不着的精神风貌，以一种隐性的形态存在于特定家庭的日常生活之中，家庭成员的一举手、一投足，无不体现出这样一种习性。这就是家风。

“家风”一词，最早见于西晋著名文学家潘岳的诗中。与潘岳有“双璧”之称的夏侯湛，自恃文才超群，将《诗经》中有目无文的六篇“笙诗”补缀成篇。潘岳为与友人唱和，写作了《家风诗》。在这首诗中，作者通过歌颂祖德、称美自己的家族传统以自勉。

“家风”又称“门风”，这个词语在西晋出现并在随后流行，显然和“士族”“世族”“势族”“大族”“世家大族”成为社会上的统治力量有关。无论是以宗族为根基、以武力为特质的地方豪族，还是以官宦为标志、以文化为表征的名家大姓，他们政治上累世贵显，经济上广占土地，文化上世传家学，垄断了全社会的主要资源。除通过九品中正制和婚姻关系来维护门阀制度之外，他们还自矜门户、标树家风，用以抵御皇权和寒人的侵渔。正因为如此，两晋以后，这个词语渐次流行。从发轫之初，“家风”就往往和“门风”互用。我们可以将它理解为家庭的风气，将它看作一个家庭的传统、一个家庭的文化。

传统作为人类代代相传的行事方式，是从过去延传到现在的事物。没有经过较长时间的过滤和沉淀，就形成不了传统。在《论传统》的作者希尔斯看来，至少要持续三代人，才能成为传统。尽管世代本身的长短不一，但无论是信仰还是行动范式要成为传统，至少需要三代人的两次延传。家风作为特定家庭的传统，是该家庭长时期历史汰选、传统沉淀的结果，是一辈又一辈先人生活的结晶。在历史文献中，“家风”或与“世德”共举，或与“世业”并称，足见家风有别于时尚，而与“世”即很多年代、好几辈子紧密关联。在时间上持续的短暂性是时尚的特征，而家风则是历经延传并持久存在，或者在子孙后代身上一再出现的东西。正是在这个意义上，历史文献中提及“家风”一词，往往蕴含对传统的继承。如比比皆是的“不坠家风”“世守家风”“克绍家风”“世其家风”及“家风克嗣”等，无不体现了这一特点。

有一种观点认为，家风必须是健康的、积极向上的，否则，不能称之为家风。实际上，这只是说者的一种期许、一种渴盼，家风本身并不蕴含这样的意味。否则，“良好家风”就是毫无意义的同义反复。正如“文化”是使民族之间表现出差异性的东西，时时表现着一个民族的自我和特色一样，家风作为家庭的文化和传统，表现的也是一个家庭的气质和风习，反映出一个家庭与其他家庭的不同之处。它完全是一个中性的概念，并不必然具有正面的意义。有的家风可能是勤奋俭朴、为人忠厚、待人有礼，也有的家风可能是狡诈刻薄、游荡为非、跋扈凶横。如同一所学校、一个班级的风习我们称之为校风、班风，而校风有好坏之分，班风有高下之别，并不总是值得弘扬一样，家风同样也有不良的，并不都是传家宝。正因为如此，对家风或门风则就既有称誉，也有贬损。即便是在传统社会，被视为传家久、继世长的，也只有耕读、忠厚、清廉这样一些美好的品质。

的确，家风的特征在前现代、在乡村社会、在大家庭中表现得十分鲜明，格外生动，而在现代城市家庭中却不那么明显。但是，只要一个组织存在，就会有这个组织的文化，特别是这个组织如果有历史的厚重，有传统的积淀，就更是如此。作为家庭的文化，家风是附丽于家庭而存在的，只要有家庭，就会有家风。家风并不必然会因为农村的城市化、大家族被小家庭所取代而丧失，或者说，随着历史的演进，社会情势的变化，家风的具体内容肯定会有变化，但家风仍然会存在。在社会结构和家庭结构都发生了革命性变革的当今社会，人们感叹“家风”的荡然无存，其实是指家庭所秉持的“只耕田，只读书，自然富贵；不欠债，不健讼，何等安宁”这样一些古典原则的式微，是指“耕读两途，读可荣身耕可富；勤俭二字，勤能创业俭能盈”这样一些传统内容的沦落，是“志欲光前，惟是诗书教子；心存裕后，莫如勤俭传家”这样一些旧时理念的散淡，而不是家风本身的消逝。

此外，家风不同于家规。虽然这两个词都与家庭教育相关，但它们有着本质的差异。

家规是家庭或家族中的规矩，是家人所必须遵守的规范或法度，是父祖长辈为后代子孙所制定的立身处世、居家治生的原则和教条。它是借助尊长的权威，加之于子孙族众的又一重道德约束，有的甚至具有法律效力。它有家训、家诫、家仪、家教、家法、家约、家矩、家则、家政、家制等名义，有敬祖宗、睦宗族、教子孙、慎婚嫁、务本业、励勤奋、尚节俭等多方面的内容，是行于口头、针对性强的具体教诫，是见诸家书、目的明确的谆谆训诲，是载诸家谱、可供讽诵的文本规条。家规可以有多种分类，如：根据其表现形式，可以分为教诫活动的家规和文献形式的家规两种；根据内容，则可以分为针对一人一事、起因明确、内容具体、结果显豁的非规范性家规和针对整个人生、涉及方方面面的规范性家规。有的家规，着重家庭子弟的道德修养，教授为人处世要法；有的家规，集中居家治生，以至是祠堂、义庄、学塾等的管理规条。但无论如何，相对于家风，家规一个总的特点是有形的，是可视可见的。

一个家庭的家风有别于这个家庭世代相传的道德准则和处世方法，它是一个家庭的性格特征。虽然它一旦形成，也就成为教化的资源，对家族子弟具有熏染影响、沾溉浸濡的意义，但它是一种不必刻意教诫或传授，仅仅通过耳濡目染就能获得的精神气质，具有“润物细无声”的作用。历史文献中的“渐渍家风”，就极为生动形象地诠释了这一过程。通俗地说，我们可以把家规看作教化家人的教科书，而家风则是经由长期教化后的结果。

2014年春节期间，中央电视台的“家风”系列报道，引起了社会的热烈反响和高度认同。这一报道对于引导人们自觉省思，培植良好的家风，构建和谐的家庭关系，夯实家庭这一社会的堡垒，进而培养全社会的良风美俗，疗治现今社会的乱象，无疑具有积极的意义。正是基于这样一种用心，《寻根》杂志主编郑强胜代表大象出版社，约请我主编这套“名人家风丛书”。

第一辑十种出版之后，广受读者好评、社会欢迎。众多媒体都曾予以推荐，并入选国家新闻出版广电总局向全国青少年推荐百种优秀出版物、入选第二届中华优秀传统文化普及图书50种图书推荐目录，出版社也一印再印。受这种情势鼓舞，强胜兄按此前我们商议好的计划，不失时机地敦促我们启动了第二辑的编写工作。2016年5月18日，他给我发来了《“名人家风丛书”第二辑编写建议》，第二辑的编写工作由此启动。

受2015年马克思主义理论研究和建设工程重大项目暨国家社科基金重大项目“中华优秀传统文化的创造性转化与创新性发展研究”首席专家于丹教授的邀请，我担任了这一课题子课题“当代中国伦理文明与家教门风的重建”的负责人一职。本辑十种的编写，也是该子课题研究工作的一部分，并受到了该课题的资助，王立刚居中做了大量的工作。

本辑的编写者，依然主要是我的学生，也吸纳了个别对此有热情、有研究的朋友参加。由于时间仓促，特别是水平所限，其中肯定会有这样或那样的问题，诚挚地希望读者不吝赐教，以便我们把这项工作做得更好。

北京师范大学国学经典教育研究中心 徐梓

2018年1月

目录

引　言

光绪二十年（1894）四月二十四日（公历5月28日）清晨，张謇与数十位进士恭候在乾清宫门外。威严肃静的大殿使得整个空气凝结在万籁俱寂之中，阵阵清风不停吹打着书生们的衣摆。他们既紧张又兴奋，不知谁会夺魁，也不知谁会在下一刻迎来自己人生的巅峰。

乾清宫的西暖阁内，早早聚集了光绪皇帝和八位阅卷大臣，依据之前的商定，前十名的试卷已经按照顺序排列好，等待拆封。殿试读卷大臣麟书拿起排在首位的试卷，拆开唱名，果然是通州（今南通市）张謇。此时，作为殿试阅卷大臣之一的翁同龢暗暗松了一口气，赶忙迎上给光绪皇帝介绍："张謇，江南名士，且孝子也。"皇帝一听是孝子，且是江南清流名士，分外高兴。

一阵清风过去，乾清宫外等待许久的书生们忽然听到宫殿前丹墀（石阶）上的传胪嘹亮揭晓："一甲一名张謇上殿！"甲午状元此刻诞生，他的名字响彻了京城。

张謇不负家族所望，获得了世人梦寐以求的状元称号，这是他的第一次人生巅峰。

1895年是张謇中状元后的第一年，他的人生有了新的转折。这个转折的动因不仅来自张謇对当时仕途的新认识，也来自友人张之洞的一番鼓励。恰恰是从这个时期开始，张謇与张之洞成了毛泽东口中的近代重要人物。中华人民共和国成立之初，毛泽东曾说："在中国近代历史上，有四个人是我们万万不能忘记的。他们是：搞重工业的张之洞、搞纺织工业的张謇、搞交通运输的卢作孚、搞化学工业的范旭东……"

一个儒生转变成了一个商人，并且在此后的三十多年里，为这番事业，鞠躬尽瘁，死而后已，这是张謇辉煌灿烂的第二人生。

有人说，论经商的才干与精明，也许张謇比不上早他三十年出生的胡雪岩，但论商人的胸怀、德行及社会影响，这世界上怕是没有谁能比得过这个状元书生了。因此，可以说张謇是一个商人，也是一个自始至终都在用儒家经典的格言警句来指导自己商业实践的儒生。《周易》当中有一个体现价值判断的经典名句，恰恰是这句经要之言成就了他了不起的商业人格，这句经典名句就是："天地之大德曰生。"

古代儒生读书，都在追求学问之道，四书之首的《大学》开篇就强调"大学之道，在明明德，在亲民，在止于至善。""明明德"，就是弘扬光明正大的品德，恰恰就是读书的第一纲领。对于饱读诗书的张謇而言，这第一纲领里的"德"，不是空谈，不是大道理，不是哲学思辨的纯粹概念，而是能够切实指导日常生活的实践纲领。这种状元书生追求"大德"的精神，恰恰成就了张謇人生当中的第二个巅峰——作为儒商的成功。

所谓"生"，就是生生不息。让土地有所生，让民众得以生。

张謇

下走之为世牛马，终岁无停趾；私以为今日之人，当以劳死，不当以逸生。直到病逝前不久，他依旧劳心劳力，牵挂各项事业，这是张謇留下的最后一张照片。

张謇曾为大生纱厂题过四副对联，每一副对联都是对“生”的解读，处处都透出张謇心中所崇尚的那份为民生的崇高品德。

对联如下：

秋豪太山，因所大而大；

乐工兴事，厚其生谓生。

大利不言，

生财有道。

恤纬忧周室，

忘机愧汉阴。

通商惠工，江海之大；

长财饬力，土地所生。

经商办厂的过程中难免会遇到各种利益纠葛，张謇会如何解决？“为大众利益事，去一切瞋恨心。”这是张謇为大生纱厂公事厅的题词，足见他的利益取舍标准。不为私利，只为众利，盖世状元郎看似回乡经商，做起了地方大富豪，但他却与此前所有商人大有不同，因为他做的商务并非图个名利，那他到底图的是什么呢？

历史自有一番真知灼见。

第一章

田舍之家

“朝为田舍郎，暮登天子堂。”这是宋代流传的一句劝学诗，诗句很生动地描述了一介农夫从田埂走入辉煌仕途的奇迹。实际上，很多时候大多数人都以为这不过是句玩笑话，但没想到，在科举年代，这句话却引导着不少农家子弟走向了天子朝堂，走向了成功。晚清中国风云变幻之际，竟也有一件真人真事，仿佛这句诗从头至尾就是为他所写。他正是本书的主角，一位出生于田舍之家的状元郎——张謇。

出生田舍之家，也就是生在农耕之家。张謇祖上都是朴实无华的农民，在张謇入仕之前，世世代代过着“面朝黄土背朝天”的农耕生活。农业技术不发达的时代，这种生活就意味着要过一种看天吃饭的苦日子，农民不但要年复一年地辛勤劳动，耕作付出，最后还要等待和接受老天爷的考验：庄稼是否经得起风吹雨打，土地是否会遭遇旱涝之灾，或者庄稼是否会闹虫害等，这些种种不确定因素极大地影响着农耕生活的质量。也正是在不断克服灾害的过程中，中国逐渐形成了一种讲究天地人和的农耕文化，恰恰是耕者与天、地不断地发生互动，才让土地成了中国文化强大的生命力来源，成为炎黄子孙坚实的后盾，让中国文化得以在上下五千年中绵延不绝，生生不息。

张謇家族不过是这种农耕文化影响下的一个缩影，让我们走进这个田舍之家，看看他们在世代坚守农业的道路上，都经历着怎样的田舍生活；让我们好好考察一番这个田农之家，看看田间地头里究竟孕育了这个家族怎样的家族品质。

第一节　追溯先祖

张謇是一位非常严谨的书生，在自己功成名就时，他本可以借此机会好好地炫耀一番，但他经过细致考察和整理家族的历史，实事求是地根据有限材料，追溯到了平凡的祖先。不过张謇没有像某些名门望族那样，依据蛛丝马迹或是一个简单的姓氏就将自己家族的历史追溯到三皇五帝，以强调家族系出皇族名门的历史渊源，相反，张謇以一介书生一贯的严谨治学风范和朴实唯物的历史观念作为出发点，依据可靠的史料，将自己家族的历史追溯到了元朝末年。按照他的看法，家族历史想要再往前延伸，再远如若没有史料依据，那也就无从说起所谓的“认祖归宗”。

看看当时人的看法，如果自家能有一个显赫的祖先，或是成为某个祖先的分支，那就可以让自己的宗族在社会上立稳脚跟，得到神圣祖先的庇护。但依据张謇的一番家谱考察，张氏一族实际上能追溯到最早的一代是江南常熟县的普通人，并没有什么名门祖辈的荫泽可以炫耀。元朝末年，据说当时有一个叫作张建（字惟贤）的人，为了躲避兵荒马乱，从苏南常熟土竹山渡江来到了通州金沙场，而这个人，正是张氏迁往南通一族的始迁先祖。后来这一族人丁逐渐兴旺，子孙也就四处散居开来，张氏宗族于是分出了很多支脉，按照张謇的说法，渐渐就弄不清楚了。

张謇家族祖上真正有据可考的，只能从第十一世祖开始。但由于历史久远，按照目前张氏家谱中有据可查的真实资料来看，只大概知道第十二世张元臣，第十三世张文奎，更为翔实的生活历史只能从第十四世张朝彦开始。根据张謇的记录，他的父亲张彭年是第十五世，而张謇则是张氏一族的第十六世，张謇的独子张孝若是第十七世，此后子孙后代因为年代很近，世袭脉络，资料就十分翔实了。张氏祖上，没有留下什么记录，一直以来他们应该过的是那种中国最为朴实的农耕生活：日出而作，日落而息，面朝黄土背朝天。可以说，好几代人都是靠种田度日，这是大多数默默无闻的农耕者的生活常态。

根据张謇对其祖籍的考察，他的祖父张朝彦自然也是出生于农耕之家，不同之处则是到了张朝彦这一辈，凭借辛勤耕作，家境竟已略微富足，积攒了些许田宅。幼年的张朝彦曾在母亲姚氏的鼓励下，读过几年书。不过世事难料，张朝彦9岁时，父亲就早早过世，尽管如此，母亲依旧坚持供他读书。可是好景不长，在私塾里读书读到16岁时，张朝彦从村塾被紧急召回家中，原因是姚氏病危。不久之后，母亲去世，张朝彦成为孤儿。至此，年纪轻轻的他，孑然一身，世上再无父母。这对一个孩子来说，是十分惨痛的遭遇。毫无疑问，悲痛之余的他此后也就无心挂念读书之事，人生将要何去何从？暂无更多想法。张謇曾在自述时谈到父辈们成长的境况，感慨道：余家自先君子少孤中落。也就是说，自祖父张朝彦开始，这个农耕之家从未有过儿孙满堂的天伦之乐。

一、家事起落

16岁不再读书的张朝彦心无定力，18岁时，在姑姑的怂恿下，经不住诱惑开始痴迷赌博。实际上，张朝彦失去父亲之后，母亲姚氏就开始独自料理家政，本想留点积蓄等到儿子长大给他，可是没想到姚氏竟在张朝彦尚未成人之前就身患急病去世，暗自留下来的积蓄也就无处可寻。家中没了主事之人，伯伯又不懂得种地，姑姑虽为亲戚，但因为外嫁之后也懒得关照张家，于是张朝彦就守着家里的田宅和家产独自生活。在古代，有句俗语叫作“嫁出去的女儿，泼出去的水”，姑姑嫁到邱家之后，不但不想照顾张家，而是多次有意想要从这个不懂事的少年身上为自己夫家谋利，于是姑姑开始劝张朝彦别再干活了，并且有意无意地安排夫家和张朝彦差不多大的侄子教张朝彦赌博，很快这个在痛苦郁闷中沉沦的无知少年渐渐迷上了一种叫作“十张麻雀”的纸牌游戏，从此一发不可收拾。

此后，年轻的张朝彦嗜赌成瘾，逐步沉沦，只短短不到两年的时间，就把家当一输到底。他为了偿还赌债，张家的祖宅在母亲去世第三年的时候被卖给了一个姓翟的人。在张朝彦19岁时，他已经倾家荡产。于是乡里邻居把这些变故编成了歌谣嘲笑他：“张三麻雀输不足，今年卖田，明年卖屋。”就这样，年少轻狂的他一下子就落魄到了一无所有的境地。

虽然经历了一无所有，但非同寻常的经历却没有彻底压垮张朝彦，反倒让他在逆境中激发出了一份倔强的骨气。经历过人生冷暖，亲戚背叛，由富到穷，看透世态炎凉后，他悟出了真正的处事之道。于是他重新回归农田，让土地重新成为自己生计的依靠。在一分耕耘一分收获的劳作中，他逐步养成了脚踏实地的作风。

道光二十九年（1849），翟氏从张朝彦卖出的老房子堂下发现了一个银窖，里面藏着之前姚氏为儿子的未来所攒下的积蓄。如果张朝彦此前能够获得母亲给自己留下的这份积蓄，就能度过人生最艰难的低谷。不少知道这件事情的街坊邻居把其中的来龙去脉告诉已经迁往西亭居住的张朝彦，出于公道或是人之常情，有人劝他拿回属于他的钱财，哪知道张朝彦不为所动，反倒给好心人回了这样的话："银子上并无我张家的记号，银子也不认识人，翟姓发财是命，我守我的穷也是命。"这样一来，别人也就不好再说什么了，只能在日常闲聊家长里短的时候，聊一聊翟家的一夜暴富。

年轻时候受到的欺骗与坑害，让张朝彦早早就了解人生百态，哪怕最亲的亲人，哪怕世间再公道，都不及自己洁身自好、脚踏实地重要。这是张朝彦悟出的道理，踏实耕田种地，好好过平稳的日子。这番悔悟，也让他开始了一段远离赌场、痛改前非、脚踏实地的人生。

失去双亲的伤痛渐渐淡去之后，张朝彦开始了结婚生子的正常人生。新组建的家庭给这个孤独的青年带来不少安慰，在生下七个子女之后，张朝彦的小家庭迁到了金沙场西边的西亭。在西亭，张朝彦继续按照传统农村的日常生存之道，耕地种田，还学习经商。贫困中的张朝彦"虽贫不受人馈遗"，"不欠租，不宿债"，是个铮铮傲骨的汉子，并且为人正直，光明磊落，对别人曾施与的恩情总是牢记心间。

在西亭，张朝彦一家的生活依旧举步维艰，在艰难维持和经营家计的日子里，曾经有一件值得张家世代感恩的事情。有一次，邻居李老太看到张家夫人在河边淘米，箩里的米粒稀疏，让人难以想象如何填饱一家人的肚子，于是就把约莫一斗的米倾倒在张家夫人的箩里。后来，张朝彦知道了这件事情，就节省了两个月的米，照数还给了李老太，而且还交代儿子，不能忘记李老太的恩情，以至于李老太在儿子早早去世，自己孤伶一人时，张朝彦每年还会拿着一斗米送给她，直到李老太去世都没有间断过。这就是倔强自立、有情有义的张朝彦，并且他将这些知恩图报的美德通过家教、家风传给了儿孙。

二、农商自立

除坚持农耕养家糊口之外，张朝彦开始跟着老丈人吴圣揆学习做瓷器生意。吴圣揆原本也是从农村出来的，做瓷器生意渐渐积累了财富，张朝彦输掉一切家产之后便入赘了吴家。在过去，做上门女婿是件不光彩的事情，张朝彦已穷困潦倒，又怨不了别人，因此也就看淡了这些。然而这个新女婿人品正直，踏实肯干，不但生意上一点就通，而且渐渐也能独立开展经营，张朝彦甚至被岳父“赘为婿如子”，即当作儿子看待，尽心竭力将经营之道传授给他。但一家人做事，难免会有摩擦，翁婿间偶尔会发生一些言语上的顶撞，后来张朝彦就携家带小搬到南通县西亭自食其力，租地种田。吴圣揆也把小瓷店迁移到了海门常乐镇，依靠瓷器铺收入，兼治小农。不多久，由于经营有方，张朝彦的生意逐渐超过了老丈人，他再次通过勤劳踏实的作风，用农耕和经商双管齐下的办法，让一家人过上了稳定富足的生活。

到了59岁，瓷器生意带来的财富让张朝彦终于重新振作起来，在西亭建造了自己的屋宅，让家人衣食无忧。张朝彦一边种田，一边做生意，他真正体会到了古人所谓“末业，贫者之资”（《史记·货殖列传》）的道理。“末业”古代指手工业、商业，与称为“本业”的农业相对。“末业”对于贫困的农民而言，是他们借以谋生活命的事业和途径。张朝彦通过经商，不但养活了七个子女，还盖了屋宅，供儿子读书。兴许从这段祖辈的经历我们可以看到，到了张謇一辈，他的内心并不鄙视“末业”，反而善于“假借”“末业”，不但让自己成了世人感恩和崇拜的商人，更让他的家乡南通成了当时世界瞩目的繁荣商圈，这些都是后话。

生活逐渐好转的张朝彦开始自己修建新屋，但好景不长，自新屋建成的第二年，由于雇佣的工人遭到致命的误伤，张家不得不倾囊救助。不仅如此，还欠下了周家的钱款。紧接着，连续三年的大灾荒使得张家的瓷器经营陷入了前所未有的困境。在房屋建成后的第六年，张家不得不将新屋抵押用于偿还借款，辛劳多年的美好愿望因为这接二连三的“意外”再次浇灭了张朝彦的心。新屋拱手让给了周家之后，张家又陷入了败落的境地。

张朝彦有七个子女，大儿子张彭年就是张謇的父亲，也是张氏一族的第十五世。晚年遭遇的坎坷让张朝彦一家分崩离析，好在儿女已经能够自立，于是老大张彭年迁往海门常乐，老二张彭龄、老三张彭庚迁往通州南城。为了履行父亲入赘约定，张彭年因而改姓吴[①]。张朝彦去世之后，张彭年继承吴家产业，既种田又做买卖，以农商自立，不久之后就富裕起来。虽然后来瓷货店里经常要雇佣十几个挑脚帮忙，但张彭年始终没有放弃田间的经营和劳动。

本末兼营，是张朝彦给儿子张彭年留下的养家之道。单一种地，张朝彦认为不是能解救贫困的办法，唯有经商才能在短时间内快速让穷困之人脱贫致富，况且，经商也不是从前那种被人轻视或见不得人的事情。坎坷的家境并没有压垮张氏一族，兴许正是在这样的跌宕起伏当中，让这个原本的农耕之家看到了未来拯救近代中国的一条复兴道路，这是后话。当然，踏实肯干、自食其力的顽强品质也不断内化成了张氏一族的家族基因。

张彭年成人之后，依照张朝彦的经验，开始了农商自立的治家之道。张彭年认为，自己是田舍之家出身，无论走到哪里都不能忘本，因而不论何时都要重视本业，不能丢。他时常告诫儿子："日后无论穷通，必须有自治之田"，都要"躬亲田间耕刈之事"，就是不论以后贫穷还是富贵，都要记住"躬亲田间"，这是最为踏实的生存之道。他说："世人言田为富之终而累之始，未尝无理，而非吾同家之言也。"

其实，在张彭年"躬亲田间"的一生中，张彭年穷过，也富过。穷困之时，也曾挑过糖担，收过废品，难怪张謇中了状元后，常乐一带的街头巷里还有这样的说法，"当当当，当当当，养个状元郎"。无论如何，他

① 为前后叙述过程中人名一致，后文统一采用现今对他们的常用称呼。

都从未忘记过农田之本，没有忘记过土地是自己最后的依靠。

在张彭年和金氏结婚，家里慢慢富裕起来之后，他把家里全权托付妻子主管，自己则开始各地奔波，扩大经商的地理范围。通常一年有半年的时间都在外面跑生意。当时，家中的经济情况的确已经比较富足，有一次去宁波谈生意，张彭年带了很多银子，途中遇到了救人急难之事，一次就借给人家二十余两，这般豪迈的倾囊相助，跟自己父亲张朝彦此前所经历过的拮据生活，简直是天壤之别。他后来不断地教育张謇兄弟："审观天下大势，非农商不能自立，汝曹志之。"①也就是说，要想富裕，非农商结合不可，以农商自立，这应该是你们这一辈的志向啊。于是，我们又一次看到了来自张氏家族的经验，这种经验也成就了张謇这位儒商的飞黄腾达。

三、书香情怀

张氏祖上一直都是最普通的农民，辛勤耕作、养家糊口，这就是长久以来的谋生之道。张彭年作为长子，从小就跟着父亲张朝彦到地里干活。因为张朝彦吃苦耐劳、踏实肯干，田地也算种得有模有样。村里有位姓丁的私塾先生，看出张彭年是个读书的好苗子，就鼓励他到私塾读书，使得每次张朝彦让儿子去田地里帮忙干活时，小小年纪的张彭年总是"不小心"地走错道路，半途就拐到私塾那里跟丁先生学习。据说为了这件事情，张朝彦曾对儿子大发雷霆，严厉教训他："家里穷，人口多，不种

---

① 李明勋、尤世玮主编：《张謇全集》第六卷，上海辞书出版社，2012年，第288页。

田，哪里来吃的？父亲在田里晒太阳，儿子到屋子里乘凉，哪有这样的道理？”其实，张朝彦儿时也是读了多年书的人，是母亲去世之后才停止了学业，但之前人生的大起大落让他心有余悸，他深知没有物质基础而光靠读书是没有办法让自己和家人活下去的，因此对于儿子想要读书的想法他一开始就不同意。要像别的富裕家庭那样去供一个书生，此时张朝彦的经济实力，即使倾其所有也是囊中羞涩。况且，读书之后的科举路途也是难有定论，还不如安心种地，保一家平稳安宁。

张朝彦起初与爱读书、想读书的儿子一直处在这种对立僵持的情形下，还是私塾的丁先生常常跑过来劝说，帮着张彭年说好话，说张彭年是个好苗子，最终张朝彦才勉强同意儿子上私塾读书。张朝彦通过踏实劳作，渐渐让家里的经济情况有所好转。张朝彦作为父亲，在自己能力范围内稍稍尊重了儿子读书的爱好，在这一点上，为张氏一族未来能够珍惜读书、重视文化教育，并培养出一个响当当的读书人的家风，奠定了一定的基础。这段上学的日子成为张彭年日后美好的回忆，以至于在更多的时候他会感慨，如果当年再多读一些书该多好啊。

张朝彦结合自己跌宕起伏的人生对于儿子读书的爱好采取了十分务实的态度，最终他与张彭年达成协议：读半天书，然后种半天田。这种半耕半读，好歹也让张家的种田人开始再次走入学堂，开启了这个家族的读书之路。

四、亦耕亦读

张彭年在私塾里读了几年书，不但学习了《诗经》，还能做出七言属对（俗称“对对子”），算是走上读书正途。后来由于张朝彦无法看到读书立竿见影的效用，觉得读书无用，于是又让儿子辍学，他无法面对“不耕作一家人吃什么、如何去生活”这一难题，实际上是深切体会到了贫困所带来的生活困境。难怪，到了张彭年这一代，他一生都在怀念儿时读书的美好时光，一生都在遗憾自己年幼时因为家庭贫困无法继续读书的残酷现实。

张彭年除继承父亲张朝彦农商自立的信念之外，其毕生也在追求一种耕读的生活，在自己儿子身上，更是不愿意留下自己童年的遗憾。因此在儿子张謇三岁时，就开始教他背诵《千字文》，等到张謇兄弟们十多岁的时候，作为父亲张彭年就开始为他们准备读书事宜。在常乐住处的屋子外面，张彭年单独盖了一个书屋，并在室外栽种五棵柳树，营造出良好的读书环境。同时，张彭年还专门请来了教书先生来教自己的三个儿子，希望将儿子们培养成会耕会读的田园才子。张彭年作为父亲，时常督促儿子们学习，课本要是缺页或是有损坏，他就会亲自进行修补，修补的时候十分专注：修补书籍的这一天，案台只放“一砚一墨一笔一锥一箴一糊器”，旁边有一个取暖的炉子，除三餐饮食之外，他就在案前专心修补书本，哪怕是有客人来了，也是口头上应答招呼一下客人，手中的活儿也决不耽搁。张彭年对儿子们读书之事的上心以及对书籍的尊重与爱好，简直到了痴迷的程度，从这些举止中我们可以看出，这无疑是在补偿自己童年的缺憾，更进一步表明自己对读书的渴望。

张彭年自己在农耕和买卖闲余之时，依旧对书本念念不忘，到了晚年，他尤其喜欢和自己的三弟张彭庚讨论徐光启的《农政全书》。张彭庚晚年在常乐生活的十几年，曾向自己的哥哥索要二十余亩地，按照《农政全书》的技法来种地，让家里的田埂变成试验田，乐此不疲，并时常与张彭年谈论其中的得失。当张彭庚按照《农政全书》里所说的“依法试行，字规句摹。费重而收不逮”时，张彭年就给张謇分析，你看，你叔叔种地虽然按照书本的原理照做，但是总是费力而没有收成，其原因是“汝叔不审土性而泥守成法”，即你叔叔虽然懂得种地的原理，但是不考虑当地土壤的性质，这种做法当然事倍功半。同时，张彭年也十分喜欢与当地的种田高手相互交流，切磋技法，总结实践经验。张彭年总结了田耕要义之后，切中要害地指出了种田精耕细作的原则：“麦豆之行，必使纵横相直，田四周薙草必洁，种树木亦然。”如果纵横不直，那么就一定要不厌其烦地规整，这样才能够提高农田的产量。

张彭年喜好专研农书，重视书本经验，但又审时度势，能够时刻明确实践对象的性质特点，这种务实的做法实在难得。

第二节　父母之教

“我家外面，看似富贵人家，然却不是寻常富贵人家；又似农村人家，然又不是寻常农村人家；是读书为善、守礼务本人家，不喜虚华，不谈势力。”张謇曾在晚年对自己的家庭有过总结，他就是这样介绍自己的家庭的。在这句话当中，我们看到了质朴、温馨的农村生活，也看到了因为辛苦劳作与经营而获得的富裕生活，家中的成员因为好读书而能守礼节，因为踏实本分，而从不务虚，不势利，这是一种十分独特的家庭风范。张謇对自己的评价是：“我是天地间一个独来独往一空倚赖的老书生。”对儿子，认为“我儿子，是我家庭一个慈祥孝悌、识事理有分晓的好子弟”。对自己的妻子，认为她是“女界中一个知处家有耐性的善女人”。张謇还时常列举其父的言论行为，“嘱予孝若”，希望将良好的家风传递给儿子。

张謇去世之后，作为儿子的张孝若在整理父亲生平传记时，也有过一番对张家家风的中肯评价："我家有一种安贫乐道、独立自重的家风，我曾祖传之祖父，祖父再传与我父，真所谓水有源，木有根。"张孝若一生崇拜父亲，视父亲为知己，而作为父亲的张謇也一直很信任自己的儿子，他们之间的关系，如张孝若所说，是"友谊上的了解，意趣间的和谐"。可见，父子之间的感情甚好。正是在这种感情笃深的亲子关系中，张氏一族将这种安贫乐道、独立自重的家风代代相传，逐渐形成了张家沉稳、踏实的家风。

张謇能够夺得状元，能够在晚年还关心普通老百姓的生活，这与他父母给予的家庭环境密切相关，更与其父母的教育观念息息相关。

一、母教传统

张謇的母亲金氏教子严厉，在张謇兄弟小的时候，就亲自教他们识字。她一边忙着缝补衣裳、鞋袜的针线活儿，一边还不忘与张謇问答课业。哪怕是寒风冷冽的冬天，也时时敦促儿子们学习。作为母亲，虽宠爱子女却不纵容，有一种超越小家、放眼天下的胸襟与远见。作为母亲，金氏并不只管子女的日常温饱，更关心子女的心性成长与志向养成。平时金氏训诫张謇经常会提到这样一句话：为人"必以远大中正，无世俗之言"。做人要正直，要有高远的志向，不要总是停留在世俗家长里短的层面。这番教育理念似乎也让我们看到了孟母、岳母在世时对子女的嘱托。这种母教，蕴含着一番超凡的家庭教育理念。

张謇在日记中还记录了母亲对自己的严厉训诫和劝勉之辞："闻誉当如闻毁，则学进；闻毁当如闻誉，则德进；他日任事，亦当如此。"意思是说，当别人对你有所赞誉时，你不要沾沾自喜，而应当像听到别人诋毁你那样的心态来对待之，这样才能学有所成，有所进步；当别人诋毁你的时候，你就用听到赞誉时的心态来对待之，这样自己的德行就会有所进步；如果将来你要做其他的事情，也都应该保持这种心态。由此可见，张謇的母亲的确不是寻常人家的农妇，她应当也受过较好的教育，教子思想的高度的确与众不同。

除教育张謇该如何看待他人的毁誉评价之外，金氏自己也以身作则，将这番态度落实到自己的日常生活里。例如，她在自己六十大寿的时候做出了与寻常长辈不同的举动，给人留下深刻印象。金氏恰逢六十大寿，众人希望给她祝寿，但金氏却谢绝了大家的好意，还对张謇兄弟说出了这样一句耐人寻味的话："汝兄弟勉学为好人，使人归美父母，胜于俗称寿万万。"意思是你们兄弟勤勉学习，将来做一个好人，这就是为人父母的心愿，将来人人都说这是父母教得好，这样的认可要比寻常人家给老人祝万年长寿更有意义啊。在这句话里，我们看到了金氏对世间道理的深刻洞见，她眼光高远，话语言谈之中就事论事，也把对儿子们未来的期待说得明明白白。等到张謇在多年之后达成了父母的心愿，真正让自己功成名就、成为一个好人之后，母亲早已离他远去，没有能够等到这一天。为此，张謇曾大哭一场，感慨万分道："我的母亲和两位恩师赵先生、孙先生都没有来得及看到我的这一天，真是遗憾啊！"

金氏宽厚待人，不管寒暑早晚都念佛诵经，没有为一己私欲求得回报，反倒是念念不忘贫寒时的境遇，以及心怀其他穷苦人家的贫寒。在自己生命快要结束的时候，她告诫家人说："我去世之后，不要请和尚做佛事，有钱要还债，周济穷人。”的的确确，这等慈善之心真不是寻常妇女能做到的啊。

二、父亲养教

古人常说：“养不教，父之过；教不严，师之惰。”张謇能够功成名就，多亏有一个痴迷读书、尊重知识的好父亲。正是父亲张彭年四十年如一日的鼓励和支持，才让张謇获得了读书人一生梦寐以求的辉煌。

张謇很小的时候，就显露出了孺子可教的秉性。在他3岁[①]的时候，海门经历了一次大旱，蝗虫从北边呼啸飞来，遮天蔽日的蝗虫把整个地区笼罩在难以躲避的灾难之中。户外的田地密密麻麻聚集了大批蝗虫，竟有两三寸之高，让农民苦不堪言。这些害虫，吃光了老百姓辛苦种植的庄稼，老百姓饥肠辘辘，只能用其他物品充饥。在这种情况下张謇的母亲也只能用家里仅有的杂蚕豆做饭，见到乞讨的饥民就去主动施舍。听父母说，蝗虫专吃田地里的农作物，十分害人，小张謇就对祸害农民的蝗虫恨之入骨，他趴在门槛上，拿着小木棒打这些害人的蝗虫。

这一年的冬天，张謇在父亲的教导下，开始学习《千字文》。从入冬到来年的正月，也就两三个月的时间，小小张謇已经认识不少字，并且还能将《千字文》背得滚瓜烂熟。有一天，三叔父从通州回来，父亲叫小张謇给三叔父展示一下所学的内容，试着背诵几句，谁也没有想到这个小娃

① 年龄主要参考“啬翁自订年表。”张謇依据惯例都采用虚岁自述，其自述中记载是4岁，用的虚岁，本书统一采用实际年龄，即出生后次年生日才算作一岁。

娃居然能够一字不漏地将这《千余字》的文章从头到尾背了下来，这让长辈们十分高兴。既然张謇是个读书的好苗子，父亲张彭年就让他跟着哥哥们到邻居的家塾里一起学习，师从海门的邱畏之先生。在学了三、四、五言的属对之后，先生有时候会出一些题目来考学生。先生出“月沉水底”，张謇就能脱口而出“日悬天上”，虽仅是四字属对，却字字对仗工整，这让张謇的父亲和邱先生都很高兴。

在张謇十一岁的时候，江南出现了瘟疫，很多人从江南逃到了江北。有一个衣衫褴褛的外乡人，身无分文，他沿街大声诵读《滕王阁序》，希望别人给些钱。小张謇在一旁听了几遍，就了解了文章的内容，于是回到家对父亲说：“父亲，今天我在路上听到一个人在念《滕王阁序》，这个人是不是在用‘关山难越’这四个字来描述自己艰难的困境，诉说自己的辛酸？”父亲听后点点头，没想到张謇小小年纪，就能体察别人的贫困境遇，且有如此细微的洞察力，他感到很是欣慰。

看到儿子有如此的才学，张彭年就在自己的屋子外面单独留出了一个房间，请先生来家里教书。有一次，张彭年在书屋与先生聊天，先生看到门前有人骑着一匹马路过，于是就给三兄弟出了个上联“人骑白马门前去”，张謇思考片刻回答道“我踏金鳌海上来”。此联一对出，先生面露喜色，父亲看到张謇能够得到先生的认可，也十分高兴，把这件事情告诉了张謇的母亲，只见金氏冷静地说：“儿子能做出这样的对子，的确让人高兴，但是还是不要过多地去表扬他，免得生了骄傲之心，现在只是能对出一个对子而已，将来是不是真的能成才，未有定论时还需要再看看。”这便是张謇父母对他的教育，虽然张謇出身农家，是名副其实的田舍郎，但是父亲看到他愿意读书，有读书的天分，于是花费家里辛苦务农攒下的积蓄，为儿子请教书先生，甚至自建家塾，这等财力物力以及精神上的支持，为张謇的读书提供了非常好的环境。与此同时，张謇的母亲也没有太多的宠溺，反而总是以大局为重，沉着冷静地去看待张謇的成长，这种慈父、严母之教恰恰让张謇成了务实的人。

在张彭年建的这个书屋里，张謇度过了好几年的读书时光。这段时间里，张謇的书读得踏实稳重，有时候其他两个兄弟因为读书不够用心遭到父亲的责罚，张謇也会在旁边哭着求情，让父亲息怒或是停止责罚才肯离去。张謇从小就懂得爱护兄弟，能与亲人同甘苦、共患难，从不为自己学习上所取得的小小成绩而沾沾自喜或是自视甚高。

张謇和他父亲一样，从小就有读书天分。进入正规的私塾之后，更是得到了先生的认可。这段时间的学习，让张謇重新更正了之前学习中的句读错误，重读《孟子》《论语》与《中庸》，渐渐地在先生的教导下学会了音律平仄的文章之法，进步很快。

耕读的生活，父母的支持，一直持续到张謇15岁。其间先生宋蓬山参加过几次科举考试，后因每况愈下的身体，不得不将张謇兄弟的学业托付给自己的侄儿宋紫卿。等到张謇15岁，开始了长达二十六年的科考之路。

在历经多年坎坷之后，终于在清末让这位出身田舍的读书人科考成名，成为众人敬仰的状元郎，这也真算是光宗耀祖，不负众望了。

第三节　慈善大德

张孝若对自己祖上几辈有过这样的总结：“我曾祖虽然不识字，然而他有卓绝的天性，耐得穷苦，有骨气。所以教导祖父，极为严正不苟。而祖父心底仁慈，克己勤苦，爱惜物力，无微不至；最难得的是自己也穷苦，还救济穷苦的人，这是何等的人格！还靠着他的威望，帮乡里解决纷争，保和平；但又极不愿子孙去学他管闲事，这是何等远大的见识！儿子既然为国服务，就立即以子许国，不再以私人家庭的纷争，分散儿子忠君奉公的责任；直到病危，依然不改。一旦见儿子贵了，名气大了，心里也不觉得有什么两样的地方，总是不脱乡农的本色。这是何等恢宏的气量。甚至收拾一块地方，修订一本书册，都是极洁净，极有条理；这些事，看看不算稀奇，做做就很不容易了。所以我家的一种安贫乐道、独立自重的家风，我曾祖传之祖父，祖父再传之父亲，真所谓‘水有源，木有根’。”

一、慈善家风

因为曾经读过经书，懂得一般的仁义道理，加上处事公道，张彭年时常能够很好地化解乡里矛盾，因此获得公道、长厚的美名，当然他也逐渐在乡里获得了一定的威望。村民之间发生争执时，通常就会跑到张彭年的家中，让张彭年来说句公道话，评评理，这实际上也是对张彭年的信任，也是“长厚之人评理”这种乡里传统的体现。张彭年通常都是细心地查问情况，慢慢理清是非曲直，然后心平气和地分析事件的来龙去脉，解开当事人的纷争。他常说：“我用口舌诚意来保全乡里的和平，是良心上很安逸的事。”

同时，张彭年一直心系民众，有一颗慈善之心。咸丰三四年的时候，通州海门一带遭遇了大旱灾，蝗虫遍地，毁坏了粮田，以至于乞讨的穷人日益增多。此时张彭年与妻子，就常常省出口粮，接济穷人。这种心系乡里民众的博爱，也对后来张謇的慈善事业有所影响。正如张彭年对张謇交代的那样：“从古无穷人之天也，人而惰，则天穷之。”这是从种地悟出的人生道理，也是督促张謇兄弟读书种田的最好训诫。

张氏家族养成了一种慈善的家风。虽然经商使得家里日渐富裕起来，但是每当遇到需要救济的穷人，他们总是倾力捐助。有一次，张朝彦、张彭年父子就给在灾害中死去的五十多人进行妥善的安葬，这是多大的善行。

张彭年为人正直诚实，也常赢得自己的生意伙伴的极大信任。扬州江都西麻镇的王世麟在和张彭年做了十八年生意之后，居然临死之前将自己积攒的钱财全部托付给张彭年，交代他用此作为自己安葬的费用，如果此外还有富余就帮助修造一座石桥。张彭年信守承诺，将此事一一办妥。因此，诚信、善良，这是张氏家族几代人积累下来的优良品德，也时常体现在张氏家族日常的家庭教育当中。在这样良好家风的熏染之下，张謇无论是为人处世还是日后的创业过程中，都表现出了极大的诚信。张謇在给儿子的家书中，也多有强调这种君子信条。

二、地方公益

在乡里声望好，与人交往信守承诺，还有慈善之心，也许一般人都能做到。但是，尽己所能，亲力亲为，热衷于地方公益慈善，这就不一定是普通人乐于去做的事情了，但张彭年却慷慨为之。据《光绪海门厅图志》记载，张彭年曾经捐助过渡口桥梁十余座；遇到收成不好的年份，他也会出粮救济穷人；对于那些流浪的穷苦人，也会尽量收留，如果遇到孤寡之人，时常体恤和救助他们；当别人有难时，量力周济；等等。甚至在张謇遭遇“冒籍”事件，家里经济拮据、负债千金的情况下，张家还尽力地协助朋友一同赈灾，不但捐出了衣服，还倡议捐建了长乐石桥。此后多年，张彭年在遇到灾情的时候都先考虑捐助对象的紧急之需，后考虑自己家中的情况。他让儿子们多捐款，甚至到晚年重病垂危之时，他还不忘嘱托张詧、张謇帮其赈灾或为地方修建公共基础设施。张謇曾记录，1894年父亲去世之后，自己按照父亲的遗言，举债修建了家庙、义仓、社仓、石路、石桥。这些开销很大，到年末张謇已经负债七千余元。

也许在今天，我们难以理解张氏家族为何如此热衷于慈善事业，但我想，这可能就是当时一个善良乡民的为人处世，这种行为里面的善意克服了一贯以来我们认为的小农经济下“各家自扫门前雪”的局限，反而让一种局限于“私”的行为扩展到了“公共”的范畴，如果简单地用人品、家风来归纳其中的原因，怕是很难得到令人满意的解释。但是如果用儒家一贯倡导的仁义礼智信的道德价值来解释张氏一族的慈善行为，应该说这是儒学在民间的实践，这样就容易让人理解了。

我们看到，张謇的爷爷张朝彦很务实，虽然在生活上经历过极度的贫困，但朴实的为人处世的优良品质却未曾改变过。这些品质从何而来？除张氏长辈的谆谆教导之外，更多的来自私塾里学习的知识。然而，等到自己经历了人生坎坷之后，他也充分认识到死读书不能当饭吃，因此又回归到种地，并且开始学习经商。张彭年热衷于慈善，除了继承父辈的传统之外，更多的来自他对儒士乡绅身份的渴望。张彭年虽然没有机会考取功名，但他一辈子都怀念自己儿时读书的岁月，在家境好转的情况下，为自己捐了个生员，获得了监生的身份，并且主动担起了“保乡里和平”的社会责任，融入了一种类似乡绅的角色。其实没有任何人要求他，但他却把这番事业看成了自己最重要的人生事业。在这样的责任心下，他关心农民的生活、投身地方事业的建设。相比那个时候身在其位不谋其政的某些官员或者乡绅，这种儒士的风范不知道要真切多少。

张謇后来回乡，也多受到父亲的影响，他协助父亲治理乡务，体恤民情，用一个秀才、状元的身份投身并参与到了乡里方方面面的日常建设当中，后来更是在晚年倾尽全力为各类慈善筹款，在国家危难的时候为地方的慈善公益事业增添了浓墨重彩的一笔。

第二章

科考之路

科举制度，是我国古代选拔人才的一种考试制度，因为它采取了分科取士的办法，故称科举。

最初设科考来选拔官员，目的是为了打破此前氏族门阀垄断的世袭政治，用考试的方式直接从民间选拔人才，能够让整个朝政活跃起来。这种制度在隋唐以后的各个朝代都发挥了不小的作用，也让贫寒子弟能够跨越出身的局限，进入仕途为国效力。纵观唐、宋、元、明、清的历代名臣贤相，这些国家栋梁之才多是进士出身，因此到了明太宗时，人们更是把科举取士看作是“国家取人才第一要路”（《明太宗实录》卷二八）。清朝的科举，更有一番保障让其更加公平，我们现如今知道的不少大人物都是取自科举，例如翁同龢、张之洞、张謇等，他们凭着自己的学问、见识以及德行与品质，从众人之中脱颖而出，成为晚清有重要影响的人物。

中国的科举，历经一千三百多年，不但为统治者选拔了很多优秀人才，而且还营造了民间良好的读书氛围，建设了中国独特的读书文化。同时，科举之风更是蔓延影响到了东亚之日本、韩国、朝鲜诸国，形成了至今依旧存在的独特的东亚儒学圈。到了18世纪，科举更是受到欧洲人的推崇，被看作是一种公平和公正的选拔人才的制度。

科举的出现，改变了国家社会的结构，最直接地改变了很多布衣平民的生活。唐代，科举制度逐步稳定，到了宋代，宋太宗看到科举在建国选才方面的卓越成效，便扩大了考试的名额，从此掀起了一股鼓励士人读书、求学为官的潮流。明清时期，通过科考成名更是成为读书人追逐的梦想，因为通过这种“英雄不问出身”的考试制度，考中进士的读书人可以从一介布衣变成达官贵人，实现“鱼跃龙门”，正所谓“十年窗下无人问，一举成名天下知”。金榜题名自然是书生一辈子最难能渴求也是最令人津津乐道的四大喜事[①]之一。伴随着这股科考的读书风，开蒙成为小小孩童将来进入仕途的第一步。

① 古代书生认为的人生四大喜事：久旱逢甘雨，他乡遇故知，洞房花烛夜，金榜题名时。

第一节　开蒙读经

张謇的祖父张朝彦曾在私塾里念到16岁，后来因为父母去世，被迫独自一人挑起了生活的重担。张謇的父亲张彭年小时候也到正规的私塾上过几年学。等到张彭年自己有了四个儿子之后，他就把儿子们受教育的事情提上了日程。张謇是家中读书读得最好的孩子，排行老四，因此他中了状元之后还被乡友们叫作“张四先生”。

一、父亲开蒙

张謇的开蒙老师，当是他的父亲张彭年。张彭年早年读过正规私塾，能做属对，在识字教育上也是略懂一二，因此在张謇3岁的时候，他就找来《千字文》，让儿子记诵。学到第二年的时候，张謇已经可以一字不漏地把《千字文》背诵下来，令众人惊讶不已。也就是从那时候起，张謇就和兄长们一同进了邻居邱畏之先生的私塾，跟随邱先生开始了系统的学习。等到兄弟们十来岁的时候，张彭年索性出资建造了自己的田园书屋，给孩子们营造良好的读书氛围。

张謇5岁到11岁期间，诸如《百家姓》《三字经》《神童诗》《千家诗》《酒诗》等开蒙读物早已读完，就连《鉴略》《孝经》以及《大学》《中庸》《论语》《孟子》等书也都熟读成诵。等到要开始学习《诗经》的时候，张謇已经能够做出简单的三、四、五字对了。12岁时，张謇开始跟随西亭宋蓬山先生学习，宋先生检查之前学习的音训句读情况，发现多有错误，所以要求张謇重读“四书”，并要求边读边背，然后进一步教授。

张謇13岁的时候，通州出现了动乱，宋蓬山先生辞馆回家，张謇便到了西亭跟随秀才宋紫卿先生（宋蓬山的侄儿）读书，吃住都在宋紫卿先生家里。与此同时，张謇还向举人宋璞斋先生（宋蓬山的儿子）求教。这一路拜师求学，在两位先生的严格教导下，等到他15岁的时候，已经读完了《尔雅》《礼记》《春秋左传》《仪礼》，并能做出八韵诗，科举必考的八股文也能写得有模有样，独立成篇了。这时，读书留给张謇最重要的两句话便是：“若蹉跎又是一日，肯发愤何须三年。”张謇的确是个下了很大苦功读书的读书人。

二、唯有读书高

从3岁开始背诵《千字文》起，直到41岁高中状元，张謇的求学科考路途可谓非常漫长。在这长达三十七年的学习与科考中，自然是经历了不少风波，不少蹉跎，那些人生中的起起伏伏、跌跌落落，让人有时满怀希望，有时又失意落寞。有很多人经不住时间的消磨，主动退让和放弃了，但张謇却连年应考，直到实至名归，成为万众瞩目的状元郎，这背后强大的支持力更多来自疼他爱他的父亲和母亲。

张謇的祖辈虽因贫困而无法让儿女读书，但父辈却恰恰与之相反，他鼓励儿女们多读书。在家庭的鼓励和供读下，张謇从15岁开始就进入了科考的路途，父母望子成龙的愿望，在一次又一次的科考中体现得淋漓尽致。正是父母所营造的家庭读书氛围，成了孕育这位状元的良好土壤。

在张謇高中状元面见光绪皇帝的那天，他的老师翁同龢曾是这样介绍张謇的："江南名士，且孝子也。"这句话所包含的夸赞别有内涵。原来，自十五岁开始张謇迈入科考之路，前后经历了二十六年应考，对于十几次的一考再考，张謇产生了厌倦之心，他曾跟父亲说："我都年过四十了，考试这件事情就以四十岁作为分界线吧，以后也不想再考了。"但父亲听后，觉得奋斗了二十多年的读书路，不能轻言放弃，最好还是最后试一试吧，于是劝说张謇再最后去考一次。张謇是个孝子，极其敬重自己的父亲，也知道父亲对他抱有殷切希望，希望他们这个务农之家能够真正出一个名副其实的读书人，因此，尽管此时张謇的父亲已经七十六岁高寿，但他仍然希望儿子能在自己垂暮之年再去考场搏一搏。

的确，在古代"科举"是验收"读书"成果的最好成绩单，在父亲一再地劝说下，他才踏上了最后赶考的路途……

第二节　登塔之旅

为了公平公正起见，清朝规定所有的读书人均有资格报名参加科考，摒弃了门户偏见，但考生在具体报考的一些环节上，还是有不少“门道儿”。例如，考生祖上曾是读书人，考生所在地域有较多的生员名额等，这些科考的“门道儿”对于出生农家的张彭年来说，都是闻所未闻，也许正是无知者无惧，导致张謇在科考第一站就卷入了一个几近耗尽全家心力和钱财的“冒籍”风波里。

田舍郎初次科考，不曾想光明与黑暗的旋涡，世态种种一并向他涌来。

只会种田的农家要想培养出个读书人，那是一件十分奢侈的事情。好在张謇小时候就有极高的天分，自己也好学上进，无须督促，靠着自我鞭策和努力发奋，很快成了家中的希望。所幸，张謇对于全家给予的厚望以及全家付出的辛劳看得十分清楚，他能体察父母兄弟为了供自己读书所忍受的贫困，也能看到父亲及家里所有人满怀的期待，这一切他下定决心等他功成名就之后一并补偿。为此他更加努力，不负家人所望。张家的命运从此与张謇的科考路捆绑在一起，这段历史正如张謇的儿子张孝若所总结的：“我张家前途的光明灿烂，已随着父亲的天才，坚忍努力，好像钱塘江八月十八的潮，浩荡奔腾而来。可是，父亲无穷的周折、痛苦、恐怖、冤仇，也跟着这潮打进来！”

一、科考“冒籍”

古代科举考试报名非常重视考生的籍贯。所谓籍贯，在清朝是要求祖父一辈在这个地方入籍20年以上，并且历经三代有祖坟、田产、住宅等实际凭证，这样才符合籍贯所在地的要求。如果家中祖辈、父辈有人在别处做了大官，那么儿孙想要参加考试，还是要回原籍的。这是朝廷管理考生、平衡招考名额的一种有效做法，但凡有不在原籍考试而借用了他人籍贯参加科考的人，都被算作较为严重的“冒籍”违纪行为，重则会被判刑。

预防考试“冒籍”，早在宋代就有相应的对策，但因为宋朝各地政治、经济、文化发展相对比较平衡，而且疆域也没有明、清时候那么大，因此“冒籍”现象即使有，影响也不是很大，处罚也不太严厉。可是到了明清，因为参加科考的士子一下子增加很多，加上国家幅员辽阔，各地经济、文化发展的水平又十分不平衡，所以科举作为一个社会调节杠杆就开始有了政策性的倾斜。不同的省份，考试难易程度有时候也大不相同，应试和录取者的比例也不一样，有时候在一个考区几十名考生仅仅录取一名，在另一个考区报考人数还不够录取的名额，正是这种考察内容和名额分配上的差异、不平衡，导致了有些人开始铤而走险，去经营里面的“门道儿”，并从中获利。因此，“冒籍”这种典型的“门道儿”在明清越来越多，假冒籍贯参加科考逐渐成为一种很严重的舞弊手段。当然，朝廷相应出台了相当严厉的处罚措施。除了通过严格的惩罚来肃清风气，还会对报考审核的环节有更加细致入微的要求。例如，乾隆时期就专门设立审音御史，让审音御史与考生进行一番交谈，由此来核实考生的口音是否与他所填写的籍贯一致，如果一致，那么“冒籍”的概率就会大大减小，如果不一致，那就需要进一步的调查了。

审音御史在古代科考的确发挥了重要的作用，一个人的口音往往带着自己家乡的特点，并不容易改变。因为当时私塾教育主要以教“四书”“五经”，读经解经为主，没有像今天推广普通话那样去普及某种语音，因此一个人在哪里生长基本上就会带着那个地方的方言，二三十岁乃至四五十岁，口音并不容易改变。实际上，乾隆四十二年（1777），乾隆皇帝就凭借辨别口音，断定了一个正六品官员在科考中“冒籍”舞弊。

一天，他接见了一个浙江的官员，这个人是绍兴府通判，名叫张廷泰。通判是正六品官员，通常这个级别的官员是难得见到天子龙颜的，这次能够有机会面圣，在别人看来简直就是福从天降。可恰恰正是“福从天降”，也让“祸”从天而降。乾隆皇帝照例问起了张通判是哪里人，籍贯何处，什么出身，以前做过什么事情，关切地聊起一些事情。这时，张通判回皇上的话，说自己是直隶顺天府（今北京一带）人士，而恰恰这个籍贯与乾隆皇帝听到的绍兴口音发生了矛盾，于是乾隆进一步询问其中的原因。尽管张廷泰不断辩解，试图自圆其说，例如说自己从小就跟随父亲在绍兴居住了很多年，所以说话带有绍兴的口音，但乾隆还是不相信。于是乾隆皇帝下旨派人继续追查，并且斥责那些审音御史说：“我就凭听两句就能听出张某是南方口音，作为审音御史，你们难道就听不出吗？”因为惹得龙颜大怒，此后考生籍贯的审查就更加严格了。

二、冷籍出身

在张謇科考的路上，一开始就遭遇了“冒籍”风波，当然这次风波跟“口音”无关，而是与考生祖上的科考密切关联。为了杜绝各种各样的“冒籍”，除了设置审音御史这种奇特的官员，还要对报考秀才的考生实行“作保”制度。如果考生的家里三代没有人做过官，或者没有人考取过功名，那么这个考生的籍贯就被叫作“冷籍”，不许参加考试。如果考生自己想要参加科举考试，那必定要找同族中有这样资格的人作保，或者让一个廪生（生员的一种，相当于公费生）作保人。如果主考官害怕其中有作假，那么还需要同县的另一个廪生作连环保。在这两层关卡限制下，“冒籍”的可能性就很小了。尽管如此，还是有人在这两层关卡上摸出“门道儿”，做出了不少行贿受贿的不端之举。

张謇自小是个读书的好苗子，村里人都知道他将来在科考上会有很好的发展前途，远近同族更是对他的科考事宜关怀备至。有些熟悉科场规则的人，自然而然在利益的驱使下设计了很多别有用心的“方案”。

当时，族人有一两家想过来“认保”，可是张彭年觉得自己读书不多，既然将儿子托付给了教书先生，那么涉及儿子读书前途的事情就应该诚心诚意地与先生商量，所以凡事他都请教宋璞斋，甚至达到了唯命是从的地步。原本族人“认保”，虽然其中也许会夹杂着一些利益关系（例如交纳一些“认保”费用等），但毕竟也是科举考场上合法合理的办法，出不了大事。可是张彭年一介农夫，在与自己所敬重的宋璞斋商量之后，一一推掉了族人的“认保”，却让自己的儿子卷入了一场宋璞斋为求财而设立的陷阱，险些断送了儿子前途。宋璞斋虽为张謇的老师，但在这件事情上却打起了小算盘，陷张家于困境，为人所不齿。

在宋璞斋的介绍下，张彭年认识了如皋人张驹。张驹有个兄长叫作张驹，他的儿子张铨刚过世，有籍在册，所以宋璞斋计划让张謇用张铨之子的身份报名，参加考试。宋璞斋则作为中间人，将这个计划与两家沟通，张彭年与张家谈好价钱，然后做成了这笔“买卖”，自己再从中谋取一份佣金。之后，张謇假认张驹一族为祖，改了自己的祖籍，并且更名为“张育才”，假冒张驹的孙子参加如皋县的县试。

如皋县试，张謇一考即中；时隔两月，张謇又参加了通州的州试，不过最终考试名次在百名之外，辜负了大家的期待。张謇在自订年谱时记录了这次冒名考试的心情：“这个事情过后，我和我的父亲心皆不安，但已经参加了县试、州试，事已至此，也没有什么办法了。”张謇考试没有考好，但与张謇同乡的另一个同学在州试的时候却考了第二名，而且年龄还比张謇小一岁，于是乡里人嘲笑张謇：传说中的神童也不过如此啊！这给张謇在自责之外又带来一次深深的打击。

作为老师的宋璞斋，看到自己的学生没有考过别人，更是气急败坏，严厉苛责，他说了一句很重的嘲讽之语，让张謇一辈子难以忘怀：“如果一千个人参加考试，而录取的人有九百九十九个但只有一人不被录取的话，那个人就一定是你！”当然，张謇并不知道为什么宋璞斋要说如此狠话，只觉得自己辜负了先生的期望，心生羞耻。实际上，这次考试隐藏着宋璞斋用学生的科考名次做酬金和提成交易的肮脏事情，张謇名次不佳，自然影响了宋先生的收益，于是他把怒气撒在了张謇身上。

先生一句话，让张謇回到西亭之后寝食难安，他在自己读书的窗户上、睡觉的蚊帐顶写了“九百九十九”五个大字，以此为志，发誓要洗刷这个耻辱。他睡觉的枕头旁边放着两块短竹板，睡觉的时候如果翻身，这两块竹板相碰的声音就会让他醒过来，他就会立马起身读书，直到天色渐明。每次夜读，都要烧尽两盏灯油，但抬眼看到这五个大字时又禁不住潸然泪下，这个时候哪怕再难，也不会觉得读书疲惫了。在这极大的刺激下，张謇更加刻苦学习，十月张謇参加院试，考取了第二十六名，终于成了如皋籍的一名秀才，此时的他只有15岁。

这是张謇科举路上崭露头角的第一年，没想到却是因为冒名造假而走入了科考的岔路。张駉一家开始借着这次事情，不断敲诈和勒索，让张謇一家陷入了经济的困境。有时候勒索的钱财不能如愿以偿，他们就写信恐吓，或是去官府状告张謇是个不孝之子。这其中百般滋味，只有张謇和他的父亲张彭年知道。无奈，自己种下的苦果，只能自己含泪吞下，到这个时候，张彭年才明白，宋先生肯定在这中间得了利益，不然怎会让自己的学生落得如此下场？通过这件事情，张家真正认清了这位教书先生的面目。

不过话说回来，认清面目又如何？了解这个事件个中原委的中间人还是宋璞斋，于是张彭年想让宋璞斋念及几年的师生情谊，出面疏通调解，哪怕是归还张謇的原籍也行。没承想宋璞斋退避闪躲，把这件事情推卸得一干二净，同时他的沉默让张謇受到张家诬告，说他“不认祖归宗”“不尽孝道”，之后张驹还与当地学官串通一气，企图将这个“不孝之子孙”关押拘留。好在当时张謇提前得到了消息，连夜逃走才没有卷入这次牢狱之灾。20多年之后，张謇回忆起这件事，那时走投无路、连夜逃走的情境历历在目：那天天气灰暗，大风密雨，到了晚上点了灯火与叔父商量，决定叔父留下而我连夜兼程赶回南通……本来想从北门出去，但沿途一定会经过县衙门，这不好，所以折返从东门而出，过桥的时候突然一阵强风吹过，灯火被吹灭，之后走过了好一段泥浆深达两三尺的泥泞道路。这时候雨势虽然稍微小一些，但乌云如墨，我又立在桥下等了许久。之后，走在泥路上，有时候整个脚踝都陷进泥浆里。这时候我的心情可谓是怒火中烧，想着这几年“冒籍”的纠缠，当时真是想赶紧拿一把三尺剑，去将这冤枉狠狠斩断！不过转念一想，自己父母都还健在，不能有所连累，不值得拿自己的前途命运与这等小人同归于尽，于是一路上不断地宽慰自己，赶快走出这困境。那天的情形真是难以忘怀，外面的雨水和自己一路的汗水混在一起，衣服全部湿透，加上脚上碰破磨破的血泡，最后实在痛得、累得走不动了，就找了块石头，一直坐等到了天亮，然后叫了辆小车，最终回到了通州。这番经历，让年少的张謇很早就看到了世间的险恶，也正是在这一段悔恨交加的时光里，他写了一首诗化解心中的悲愤。

占籍被讼之如皋

丝麻经综更谁尤，大错从来铸六州。

白日惊看魑魅走，灵氛不告蕙荪愁。
高堂华发摧明镜，暑路凋颜送客舟。
惆怅随身三尺剑，男儿今日有恩仇。

三、正名还籍

经历了这些事情，张謇父子认识到自己做了不妥当的事情，被敲诈、被骗也是罪有应得，这种担惊受怕、不得安宁的日子再也不能过下去了，一定要想办法纠正最初的错误，于是就开始四处奔走，想要更正此事。从同治七年（1868）到同治十二年（1873），前前后后的五年里，张家已经被敲诈得一无所有，加上奔走告官，各种疏通，几乎耗尽了张家所有财产。

同治十年（1871），张謇父子下定决心改过自新，在江苏学使来通州的时候，他们主动将事情的原委呈报了学官，甘愿领罚，希望能够纠正错误。由于张彭年在乡里的口碑很好，又加上一些有识之士颇为赏识张謇的才学，因此这些“大人”都尽自己的能力出面来调停此事。例如，海门师山书院的院长王汝骐、海门训导赵鞠泉（名彭渊）、通州知州孙云锦等。他们经过多方的周旋，1873年5月，经过礼部批准，才将张謇的学籍判回通州，“冒籍”一案才算尘埃落定。张謇从来没有忘记过这些救自己于危难的老师们，他在此后的岁月里，一直心怀感激。

初出茅庐的张謇，最早是以“冒籍”的方式参加考试，虽然凭借实力在十五岁就已经获得了秀才的资格，但因为是冒顶族籍，却得不偿失。前前后后五年的奔走，才逐步澄清籍贯，归入正途。这是他人生中的第一道坎，这段经历，让他接触到了世态炎凉、人心难测的现实。因为“冒籍”，张家前前后后被敲诈勒索很多次，负债达一千多两白银，原本想着张謇能够顺利科考，获得功名走入仕途，没想到得到的却是这般结局。

此后，张謇只能将一家的债务承担起来，半工半读，并担负起了养家糊口的重任。不过，对张謇而言唯一好的结果就是，他终于可以名正言顺地参加科举考试，按照书生“学而优则仕”的正确路径，开启此后的登塔之旅。

四、登塔之旅

科举考试好像五六层的宝塔，正如张謇的儿子张孝若所言：“宝塔；从平地跑上去，先上一层，再上二层三、四层，赶紧向上跑；有时楼梯不开阔，前面有人挡路，有时自己气力用尽了，也跑不上；一遇到了这几种难关，都是白用气力，白跑一顿；当然也有人用尽平生的力量往上跑，居然一层一层跑到最高一层的塔顶；往下边一看，自然好不有趣，立在平地的人，抬头上望，当然更有趣。我父从秀才考到状元，也是一步一层好像登宝塔一样；走走等等，终究跑到了塔顶”。[①]张謇发奋用功，希望科名能够不断地提升。一年一考，考取之后再考，有时考得好，有时考得不好，无论如何，尽全力登上宝塔，便是一家人的全部心愿。因此张謇通过年复一年的学习和考试，一步步，一层层，终于能够不负父亲的期望，登上宝塔之顶。

---

① 张孝若：《最艰难的创业者：状元实业家张謇传》，北京：新世界出版社，2016年，第35页。

古代书生参加科举，可以一再参加。一次不中，下次兴许可以考中；一次考试名次不尽如人意，下次考试还可以继续再努力；考了秀才，考举人，中了进士还可以再努力争取前三甲，若要中得状元，那就绝对是羡煞众人了。因此，很多人从孩童少年一直考到白发苍苍，也毫不后悔，这就是古代科举的魅力。张謇因为祖上没有功名，也没有在朝廷当过官的亲戚朋友，因此张謇的父亲张彭年一直都鼓励张謇好好读书，希望通过考取功名光宗耀祖。张謇自然也是不负家庭的期望，一次又一次，一年又一年地参加各种考试，这一考就是二十五六年，直到40多岁。他自己渐渐失去了考试登塔的心力，以科考来求仕途的心境也慢慢发生了变化。

那一年，41岁的张謇参加甲午恩科，他原本是不愿意去应考的，只是不愿违逆老父亲的殷切心愿，才匆匆踏入了考场。恰恰是1894年甲午恩科一举成名，夺得了状元殊荣，这让痴迷读书的老父终于在有生之年亲眼看到了儿子"成龙"的这一天，是万般欣喜。

状元之名带来了千万士子心中的崇拜，状元之名收获了世人无限的赞誉与褒奖，但张謇并没有沉醉其中，而是怀着"天下兴亡，匹夫有责"的想法，要让这个状元之名掷地有声，做拯救国家、民族兴亡的大事。事实证明，张謇的确正是凭借着状元郎在人们心目中的崇高地位，做了一番历代状元从来没有做过的大事业，创造了一个近代中国的奇迹，开创了大生实业公司、兴办地方教育、筹建慈善机构……

五、甲午恩科

在张謇一路科考历程中，最为人熟知的便是登上塔顶的那一场甲午恩科考试。甲午年高中状元，给三十多年的辛苦读书路画上了一个完美的句号。因此，很多关于张謇的传记大多会从这一年开始写起，这也恰恰说明，张謇能为人所知，并不是这一生他读了多少书，使出了多大的劲儿，也不是他此后办了多少工厂、企业和学校，做过多少善事，在传统中国人的心目中，状元的头衔就足以标记张謇的辉煌。当然，对张謇而言，这仅仅到达了人生的第一次巅峰，对其家族而言，却足以光耀门楣好几世。

光绪二十年（1894），恰逢慈禧太后60岁寿辰，按照惯例，科举考试除按照惯例每三年举行一次之外，在这年又增加了一次考试，以表达皇恩浩荡、泽被众生。此时，张謇的父亲张彭年已经七十六岁高龄，他仍旧希望张謇能够再去考一次，希望自己在垂暮之年还能看到儿子金榜题名。实际上，张謇连续多次会试落第之后，就已经将科举看作是一番人生历程，不再准备应试了。无奈父亲的劝考字字入肺腑，也让他这个孝子无可奈何。

这次考试，张謇本不太情愿，因此赴京赶考也是熬到了开考前几天才赶往京城。他刚刚抵达京城，考试入场时间快到了。于是张謇只能匆忙向朋友借了考试用具，仓促入场。考完之后，也算是完成了任务，感觉一身轻松，他也懒得打听考试的结果，就准备打道回府。没想到，此次礼部考试他竟然取得了第六十名贡士的名次。

等到三月礼部复试的时候，张謇又考到了第十名，恰好取得了参加殿试的资格。最后的考试也是顺风顺水。等到四月二十二日参加殿试，看着策问里的四道试题，张謇在考场上慎重再慎重，他没有再将自己这几年的所思、所想落于笔端，反倒是按照程朱理学特别是朱熹的观点来小心作答。这样一张四平八稳的考卷，得到了阅卷老师的认可。第二天早晨，在翁同龢的极力争取之下，八位阅卷大臣当中有七位都同意将张謇选为殿试之首，于是，一代状元就此诞生，这为张謇开启了一个崭新的人生。

光绪二十年（1894）四月二十四日（公历5月28日）清晨，张謇与数十位进士恭候在乾清宫门外。威严肃静的大殿使得整个空气凝结在万籁俱寂之中，阵阵清风不停吹打着书生们的衣摆。他们既紧张又兴奋，不知谁会夺魁，也不知谁会在下一刻迎来自己人生的巅峰。

乾清宫的西暖阁内，早早聚集了光绪皇帝和八位阅卷大臣，依据之前的商定，前十名的试卷已经按照顺序排列好，等待拆封。殿试读卷大臣麟书拿起排在首位的试卷，拆开唱名，果然是通州张謇。此时，作为殿试阅卷大臣之一的翁同龢暗暗松了一口气，赶忙迎上给光绪皇帝介绍："张謇，江南名士，且孝子也。"皇帝一听是孝子，且是江南清流名士，分外高兴。

一阵清风过去，乾清宫外等待许久的书生们忽然听到宫殿前丹墀（石阶）上的传胪嘹亮揭晓："一甲一名张謇上殿！"甲午状元此刻诞生，他的名字响彻了京城。张謇不负家族所望，获得了世人梦寐以求的状元称号。

一甲第一名，状元及第，这是多少人梦寐以求的，这次无心应考之旅将张謇推向了人生的巅峰。四月二十五日（公历5月29日），光绪皇帝在皇宫内的太和殿接见了这位状元郎。光绪帝待"百官雍雍、礼乐毕备"之后，见到了自己的师傅翁同龢所极力保荐的状元郎张謇，他相信自己师傅的眼光，也相信这次的状元郎能够马上成为自己的左膀右臂，此后为朝廷革新带来动力。

虽然史料无法将当时状元面见光绪帝的情形记录得十分周详，但从翁同龢、光绪皇帝以及张謇之间的师生、臣子关系来看，也许我们可以想象张謇初次面圣的情景。

六、状元捷报

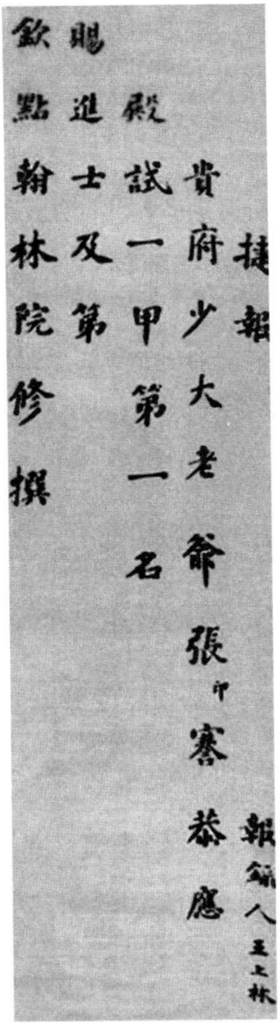
捷報
貴府少大老爺張謇恭應
殿試一甲第一名
賜進士及第
欽點翰林院修撰
報錄人王上林

捷报[①]

情景也许是这样的：

天下没有哪个凡人，初次见到一国之君而不紧张的。张謇初次面圣，应当是拘束紧张的。然而面对这样一位自己师傅极力推崇的状元，光绪皇帝的态度理应是友善的，自己正值用人之时，而来者又是稳重踏实之人，心中自然是高兴的。光绪皇帝向张謇问道：“下面跪着的可是翁师傅多次赞誉的大孝子、江南名士张季直状元？”

张謇毕恭毕敬地跪着，听到问话也赶忙回答：“承蒙圣上垂爱，回圣上，在下正是江南名士翁公翁大人的门生张謇，但张謇本人是江北通州人士。”然后君臣之间进行一番简短的交谈，彼此相互熟悉。

一番愉快的聊天之后，光绪帝正襟危坐地宣布：“朕封授爱卿为翰林院修撰，卿为文章魁首，从今往

① 张謇大魁天下，宫廷遣人星夜兼程向张謇老家报喜。图为当年状元捷报，曾在常乐镇状元故里展出。

后，卿与朕正应同心合力为国为民效劳才是啊！”张謇连忙答道：“诚然如此，臣当努力报效圣上和国家！”

张謇被光绪皇帝授予翰林院修撰后，名正言顺地开始了自己的仕途。

同时，朝廷派专人将这个好消息送达张謇府上，上页图就是当时的捷报，捷报黄底黑字，按照圣旨的规格来颁布，里面写道：“贵府少大老爷张謇恭应殿试一甲第一名，赐进士及第。钦点翰林院修撰。”我们可以想象，那位痴迷“唯有读书高”的老父亲在接到这份捷报时，是怎样的激动心情啊！这一辈子的操劳、一辈子的望子成龙终于有了最为圆满的结果，真是人生最值得高兴的大事情。父亲如此这般的欣慰和高兴，那么中了状元的张謇此时又是怎样的心情呢?

如果世人认为张謇会有范进中举那样的激动疯癫，那就大错特错了。其实，在得知自己中了状元后的那一夜，张謇并没有汹涌澎湃的激动心情，而是在静思之后，生出了一番感慨，并且长长地舒了一口气，叹息了一阵子。这前前后后两个月，过关斩将一路考取了状元，表面上给张謇三十七年的读书旅程、二十六年的科考路画上了完美的句号，但实际上却给张謇带来了新的忧思。

这一夜，他在日记里写道：“栖门海鸟，本无钟鼓之心，伏枥辕驹，久倦风尘之想。一旦予以非分，事类无端矣。”意思是，原本栖息在门楣上的海鸥，并没有关心庙堂的钟鼓；匍匐在马槽边吃食的老马，原本也对风尘之事早生倦意。自己的心境就像这海鸥和老马一样，已经千帆过境，怎奈今天还高中了状元，这原本是“非分之想”的头衔，如今竟是囊中之物，自己担着这个恩科状元，到底要干些什么呢？真是不知道如何是好啊。这一夜，张謇重新思考了自己的人生。成为状元的这一年成了张謇人生的分水岭。

谁说“百无一用是书生”？谁说读书人干不了大事情？谁说读书人“两耳不闻窗外事，一心只读圣贤书”？张謇之后三十多年的所作所为，心系民众与国家，大有作为，正是他人生的真实写照。

张謇顶着状元的头衔所干的事业，让他成为了中国1300多年科考状元中最为务实、最有实干精神、最有行动力的标杆人物。

第三节　难忘师恩

一个田舍郎在学业和仕途上的成功，仅仅依靠父母的殷切希望和敦促是不够的，求学路上识才恩师的知遇之恩、垂爱提携才是让田舍郎最终蜕变成为万众瞩目的“状元郎”的关键所在。

在张謇一生的读书生涯中，除了父母，最幸运的就是遇到了几位恩师。最值得一提的是之前解救张謇于“冒籍”风波的王汝骐、赵鞠泉、孙云锦，没有他们，估计张謇还是被困在“冒籍”事件当中，难以摆脱；还有“曾门四子”之一的张裕钊，对张謇文学、书法影响至深，对张謇的学风养成起到了很好的引导作用；当然还有非常值得一提的是翁同龢，正是他的极力保荐，才让张謇成了一名状元。

恩师们给学生在学习和生活上排忧解难，在考场内外、仕途之中提携帮助，发挥了父母所不能及的巨大作用。这一路走来，正因为张謇遇到了这些恩师，才成就了他日后的辉煌事业。

一、惜才之师

同治十年（1871），十八岁的张謇开始拜入海门赵鞠泉（名彭渊）门下，为时三年。张謇视赵彭渊为严师慈父。三年里，张謇开始读桐城方苞所选的《四书文》《朱子四书大全》及宋儒书，迈入了经学研习之门，并仔细阅读了《资治通鉴》《三国志》等书籍。

此前“冒籍”的事情，让张謇自己和家庭陷入困境。这几年，他一边读书，一边在海门、如皋、通州三地奔波，焦头烂额，正如他在日记中所写的，这段时间可以说是“殆无宁日”。对方无限制的敲诈勒索，让父亲张彭年原本不多的积蓄逐渐耗尽，到了入不敷出的境地。到了1871年10月，忍无可忍的张謇和父亲终于在江苏学使到通州时，递交了书函，表明自己愿意悔过，希望能够改正错误，归还原籍。学使见到了这份悔过书，批示将此事交给通州来复查。在这段时间里，张謇以前的老师们出于对张謇的同情，也是积极为张謇说情。师山书院的院长王汝骐借助自己的私人关系，疏通如皋县学的官员为张謇说情；作为张謇的老师，赵彭渊也直接给通州知州孙云锦写信，恳请能够对这位能知悔改、为人正直、才学兼优的学生网开一面，予以救助。

不久，知州孙云锦了解了事情的原委后，认为张謇是个可造之材，于是亲自出面处理和调停这件事情。直到同治十二年（1873）的暮春，经过官方正式的核查，由礼部批准，张謇的学籍才重新划归通州。

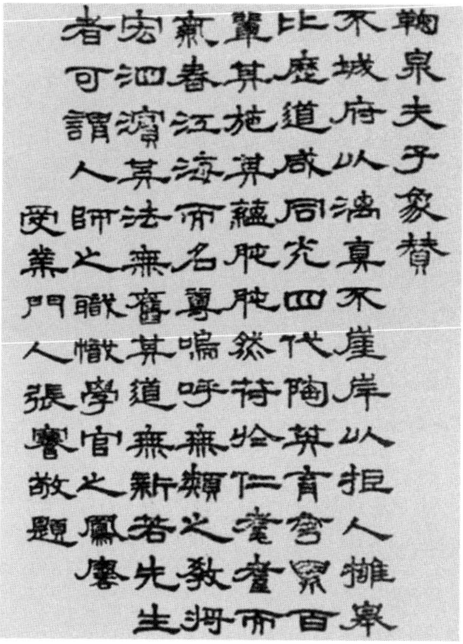

张謇为赵彭渊先生题的像赞[①]

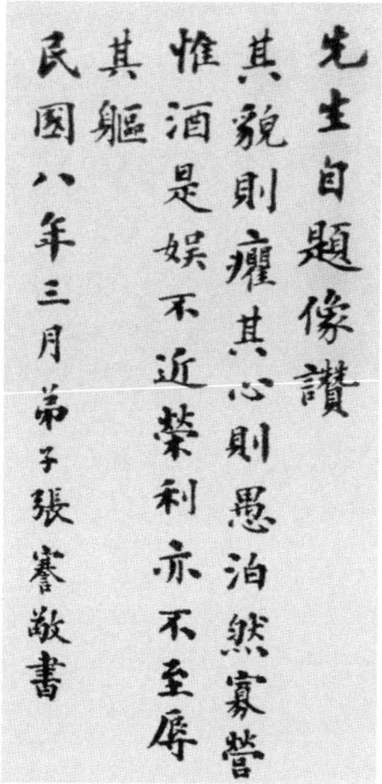

先生自題像讚
其貌則癯其心則愚泊然寡營
惟酒是娛不近榮利亦不至辱
其軀
民國八年三月弟子張謇敬書

张謇为王汝骐先生题的像赞[②]

光绪二十七年（1901），已经是状元的张謇仍然忘不了这段救己于水火的恩情，他为赵鞠泉在海门师山书院建造了赵亭，寄托对先生的师恩的感怀，画像刻石，以志遗爱。

师恩难忘，对于曾经帮助过自己的王汝骐，张謇在其过世时也难掩心痛，民国8年（1919）为先生的像题写了像赞，感谢先生当年的援手。

孙云锦在这次为张謇解围的过程中，对张謇的为人和才学有了真正的了解，也认识到这个21岁的青年如果加以历练，一定大有作为，是个实实在在的可造之材。因此，在孙云锦调任淮安、江宁、开封期间，他都将张

①② 张延栖，孟村著：《张謇画传》，重庆出版社，2007，第14页。

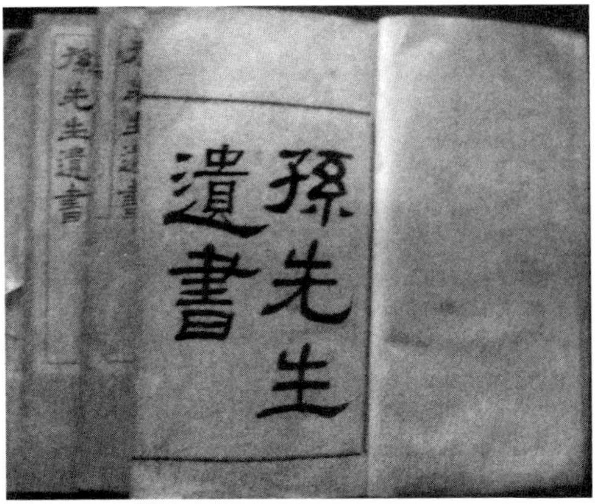

孙云锦遗书[①]

謇带在身边，开始是想让张謇走出乡间见见世面，后来则是因为欣赏其踏实稳重的才干，想让他到一个更为广阔的天地锻炼一番。在这片与乡下截然不同的广阔天地里，张謇不仅结识了很多志同道合的朋友，而且更是抓紧一切机会刻苦学习。通过接触外部变化万千的世界，力图让自己的思想与行为达到知行合一。

二、识才之师

在跟随孙云锦的这些年里，张謇也结识到了诸多名师益友，大家都是爱好文墨之人，并且对于社会世事也多有关怀，相互切磋交流。这让张謇这个乡下人大开了眼界，看到了“四书”“五经”、八股文章之外的另一番现实景象。这般经历，为以后张謇着力兴办实业来拯救民生扎下了牢固的根基。

在孙云锦的引荐下，张謇认识了凤池书院的院长张裕钊。张裕钊是曾国藩的“曾门四子”之一，有极高的古文法造诣。他的学问对张謇的文

① 张謇对孙云锦先生的知遇之恩甚为感激，在孙先生去世之后帮助他刊印了遗书。图片出自《张謇画传》第15页。

学、书法影响至深，张謇到了晚年，还不止一次地回忆起他与张裕钊先生的交往，追忆这位大儒士的风范。有一次张謇在进京途中，刚好遇到了张裕钊，他看到张老先生坐在颠簸的车里还在苦练书法，这个场景，这种精神，让张謇终生难忘。

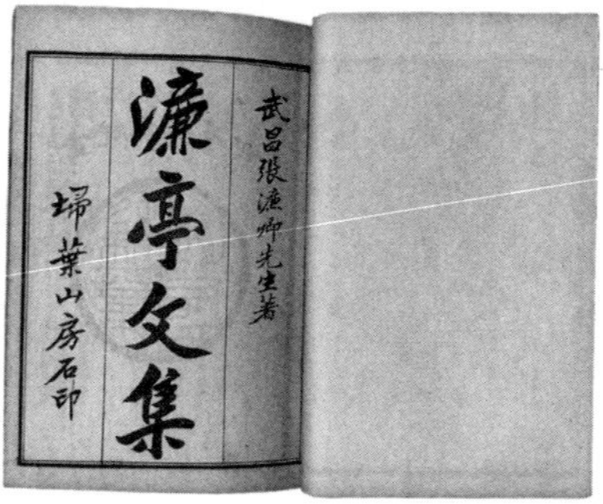

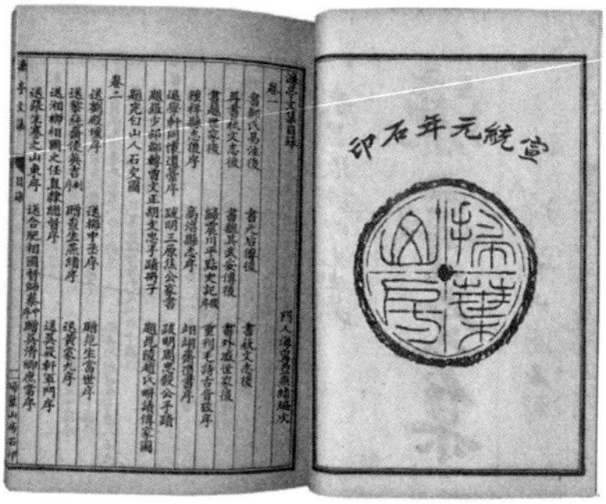

张裕钊的著作《濂亭文集》

张謇的治学风范其实大多传承自张裕钊。张裕钊的书法很有特色，他独辟蹊径，将北碑南帖融成一体，被誉为自成一家的清代书法家。同时，张裕钊淡于仕宦，独爱文墨，他自己都说“于人世都无所嗜好，独自幼酷喜文事”，更是透出一股清新的文人风骨。

翁同龢也是一位识才之师，他在张謇一路问鼎夺魁的路上可谓尽心竭力，一路提携，是张謇科考路上最为重要的引路人。

翁同龢的地位与身份非同一般，他先后任同治、光绪两朝帝师，历任刑部、工部、户部尚书及协办大学士、都察院左都御史、军机大臣、总理各国事务衙门大臣等数职，在清廷有着相当显赫的地位。他为何要一路提携张謇呢？为了一己私欲？为了给自己的派别选接班人？都不是。作为帝王之师，如果眼光尚且如此浅薄、狭隘，那么这个国家早就没有前途了。

实际上，我们追溯科举的源头，就知道，科举来自察举制。察举制是一种推荐与考察相结合的选官制度，注重人品、口碑和个人能力。科举从察举而来，后增加了考试作为选官的依据，因此也为朝廷用人扩大了遴选的范围。不过科举发展到清朝，为了公平公正，所考试的内容逐渐趋于僵化，虽然通过科举也选拔了不少国家栋梁之材，但很多有德有才之人无法从八股制苛刻考试中脱颖而出，因此也有屡考不中，最终名落孙山的有识之士。由于这种考试的局限，翁同龢觉得自己若是极力推举一个能够有助于朝廷、有助于国家未来发展的人才也并不为过，反倒是识才、惜才、爱才的体现，科举没有办法在那个时候这么快地得到改革，但是为某个人才出一份力，这就是自己可以尝试的办法。察举时代，如果地方官员有才不举，那就等同于失职，而自己作为帝王之师，如果不能为皇帝找到优秀的栋梁之材，那更是失职。因此，当翁同龢了解到张謇在朝鲜的机智果敢，在处理国际关系上的适度与得当时，他觉得这个人如果能够进入仕途，一定对国家前途大有好处，毕竟，各国列强的骚扰与入侵、清廷的保守与局促着实令人担忧。参加考试的举子当中，绝大多数都是为了图个功名，将来即使出现了有才学的几个“大人”，也难有一番在朝鲜斡旋的经历与能力，因此，虽然对张謇仅是有所耳闻，但翁同龢早就对这个年轻的将才有所留意了。张謇并不知道，正是被这样一位老师赏识、提携，他的状元之路才一帆风顺。

1885年，张謇在京城考试前，翁同龢听说张謇下榻的住所与自己住处很近，于是就亲自去东单牌楼的文昌关帝庙一探究竟，看看这个年轻人是不是令朝鲜皇族赏识的一代将才。虽然早在五年前，翁同龢就对这个后生有所留意，直到这一年，二人才真正见面。

他们第一次见面，彼此都给对方留下了极好的印象，张謇是第一次遇到如此位高权重的帝王之师，而翁同龢看到如此沉稳、朴实、忠于国家的士子，更是满心欢喜。此后若干年里，张謇会试总是名落孙山，这除让自己倍感遗憾之外，他不曾想过，那位只有一面之缘的老师也是一再地觉得惋惜。多年之后，翁同龢又一次亲自找来，希望能够将张謇收入门下，留在京城，帮助其管理国子监，但是张謇表达了万分感谢之情，婉言谢绝了。张謇到底如何想？能得到如此殊荣，难道不是应该紧紧把握住机会吗？兴许还是那份田舍郎的纯朴、安分和踏实，他觉得，必须依靠自己的真才实学来实现心中科举梦想，这才是他心中的正途。于是，尽管翁同龢一番好意，作为学生张謇还是敬谢不受。

翁同龢非常赏识张謇的人品和才干，他认为有如此实干能力，又有如此宽阔眼界的青年应该进入朝廷。他好几次都刻意地、默默地在暗中帮忙张謇。当然，张謇从未恳求过任何人帮助自己，他还是固执地坚守用自己的“真才实学”来走完科举的路。当然，如前所说，翁同龢的出发点也并非为了私心，作为帝王之师，他一直为自己所辅佐的光绪帝寻找着栋梁之材。迫在眉睫的局势，才让他在考场内外屡次暗中出力，在考场评卷的各个环境尽己所能，竭尽全力地帮助张謇夺魁。据说，有一次还出现了“张冠李戴”的现象，也是让人哭笑不得。

光绪十八年（1892）会试，翁同龢和潘祖荫由于十分看重张謇的才学，因此在考试结束之后，他们就立刻让考试总裁、房考寻觅张謇的试卷。经历了一番周折和推测，他们认为有一张卷子很有可能是张謇的试卷，于是就把这张卷子定为了状元卷（为了不透露考生信息，科举改卷采取糊名制），可等到启封试卷，万万没想到卷子的署名却是常州的刘可毅。刘可毅知道自己中了状元，跑来感谢各位考官时，却引得众人十分尴尬。

这次考试，张謇毫无疑问又一次落选了，他的卷子早在江苏省判官那里就已经落榜，到了殿试更是不可能出现。多次名落孙山，张謇自己都感到十分习惯了。后来有人过来安慰他说："国子监南学的各位学生都愿意给你捐纳一个学正官，要不然，你就到国子监来管理南学吧。"面对这些真挚诚恳的好意，张謇自是表达感谢，不肯答应，因为他觉得自己生平做事，志在不能迁就，如果此时答应了南学诸君的这份情谊，在心里怕是会觉得"情施于过当，势近于劫持"了，并不符合自己的人生准则。其实，是否能考取功名，此时张謇已经不太在乎，虽然此后几年也没有停止参加考试，但那不过是为了不辜负父母双亲的期望而为之，至于之后能不能考中，也不是自己所在乎和关心的事情了。张謇的人品一尘不染，为人一直都如此坦荡心安。

1894年，增设甲午恩科，这次翁同龢仍旧在张謇不知情的情况下，努力为张謇铺排科考之路。这次终于没有弄错，翁同龢最终让张謇夺了状元。这次考试的结果对张謇而言，不过是个意外的收获，夺魁之后的一番仕途，也许不过是另外一条漫漫长路的开始……

第三章

幕僚之途

张謇从15岁开始参加科举考试，直到中状元那年，前后考了二十六年。要说这期间什么事情都不干，只是专心应考，即使后来中了状元，可能也不过是个只懂书本知识、没有开阔视野的书呆子罢了。恰恰相反，翁同龢所赏识的张謇的国家大局观和他对国际事务的处理方式、正直的人品和敢说敢做的实干精神，正是区别于迂腐儒生的优秀品质。这些品质的养成，恰恰来自他早年的幕僚生活，正是那段日子，让张謇积累了丰富的阅历，打响了张謇在国内外的名声，哪怕是在今天，张謇在国际社会上也是享有盛名的。

第一节　初为幕僚

前后五年的“冒籍”风波，张謇一家背负了不少债务，家庭经济状况一度陷入了绝境。作为当事人，21岁的他觉得自己是成年人了，无论怎样，他希望能够外出找点事情做，为家里减轻一些经济负担。

如前所说，那位赏识张謇的孙云锦在1871年就开始对家境拮据的张謇伸出援手，准备带他到外面闯荡闯荡，认识更多的朋友，接触更多的事物。

一开始，孙云锦邀请张謇到自己所任的江宁发审局做文员工作，整理一下案牍之类，每月发白银10两。这其实是一份不错的差事，在动身之前，张謇还曾写诗感怀离别，在与朋友的道别诗里讲到了孙云锦对自己这几年来的知遇之恩。张謇第一次走出了书斋，走出了乡下，真正接触书本外的真实世界。

张謇在发审局的时候，除了尽职尽责完成自己的工作，有时也随孙云锦一同外出办理公务。1874年6月，孙云锦前往淮安勘察鱼滨河积压的一件诉讼案子时，就带张謇一同前往。此次出行，张謇看到了与自己家乡不同，与“四书”“五经”、八股文章迥然不同的另一番景象，受到了强烈的触动。自己从3岁开始学习《千字文》，到如今已经过去了二十年，经书中的世界竟然与现实农村全然两样，经书中所读到的古之士大夫毕生追求的“治国平天下”情怀，在与民众现实生活对照之后，他的内心竟掀起了一番波澜，这番波澜不免让自己的思想观念受到了极大震撼。看到劳苦大众艰难的生活，张謇写了不少诗歌聊表感怀。

他本身也是农民出身，在情感上自然能够很快地与劳动人民产生共鸣。

农妇叹

朝朝复莫莫，风炎日蒸土。

谁云江南好？但觉农妇苦。

头蓬胫赬足籍苴，少者露臂长者乳。

乱后田荒莽且芜，瘠人腴田田有主。

君不见阊门女儿年十五，玉貌如花艳歌舞。

倚门日博千黄金，只费朝来一眉怃。

这首诗歌读起来，江南的妇人在田地里辛苦劳作的景象历历在目，看似是一首纯粹描写景色的诗，文学技法也只不过是不断地进行白描，但细细品味，场景和气氛的转化则非常含蓄地道出了张謇内心的不满。张謇感叹：农民辛辛苦苦地劳作，却只为他人种田；士人风流潇洒，却只看到风景这边独好。这是怎样的一种不公平？如果不是这次出行，张謇对于世间不平等的认识不会这么深入透彻。因为，张謇虽然也是农家出身，但是自己所在的地区与淮扬相比，也还算富裕。而淮扬地区农村的贫困，却是让张謇始料未及的，这种贫困潦倒居然达到了衣不蔽体、食不果腹的境地，真是让人触目惊心。

先儒有“先天下之忧而忧，后天下之乐而乐”的一番觉悟，更有“天下兴亡，匹夫有责”的强烈社会责任感，此时看到了如此景象，自己怎能还做一个死读书、读死书的书生呢？当然不，他认同明末清初那些朴学家的看法，经世致用才是儒家学问之道的最终归宿，于是他在诗中对自己说：“苍生安石与同忧”，“船山不是一经儒”。正是这第一次与社会的接触，让张謇在内心深处将儒家经书与现实社会紧密关联，让民生最终变成了自己“学而优则仕”的极关怀。

除参与一些政务之外，张謇在业余时间还不忘会师访友，认真学习，先后又报考了钟山书院和惜阴书院，未曾忘记父亲对自己科举之路的期盼。之后，孙云锦看到张謇如此渴求学问，于是又给张謇介绍了很多知名的文人墨客，将张謇带到了更高层次的文化圈中。在这段日子里，张謇跟着孙云锦一边做事，一边读书，还熟悉了官场，积累了不少见识。

张謇是幸运的，他在老师们的器重和提携下，不断扩大着自己的交往圈子，走出了海门乡下，并一路走向晚清政坛。也许张謇的父亲张彭年的文化水平不太高，但他“唯有读书高”的信念却让儿子走对了路，甚至一路通到读书人渴望的宝塔巅峰。不过此时此刻，不再是父亲，而是孙云锦先生陪伴着张謇一路成长成熟，孙先生在物质、精神两方面都给予了张謇莫大帮助。

一年过去之后，张謇告假回乡探望自己的双亲，给父母奉上了自己攒下的100两银子。这一年的背井离乡，满是离别的思念，此时再与双亲相见，张謇觉得自己终于是一个对家庭有用的人了。父亲张彭年将这100两银子供奉在列祖列宗的牌位前，感慨万千，他一边叩拜一边说道："在通州乡里，如果做一个普通老师，教一辈子书，薪酬大致也就如此，儿啊，你这一出门，再一回来不过一年时间，就得到了如此之多，真是让人意想不到啊！"张彭年这番话，着实认可了张謇此次外出给家庭经济带来的转机，同时他也意识到通州这个地方太小，外面可以施展抱负的天地大得很，自己的儿子，应该大有前途。但父亲心里认为最正经的路，还是科举，只有一路考上去才有最大的出息。

一、成家立业

家境改善之后，张彭年夫妇给儿子张罗了一门亲事，海门徐氏于是就成了张謇的夫人。徐氏比张謇小四岁，名为端，十分端庄娴淑，对公婆也非常孝顺。

古时候的婚嫁，一般讲究门当户对。张謇出自田舍农家，父亲张彭年在家庭经济困难的时候挑着糖担子经营糖坊，一家人勤俭节约，日子也渐渐好了起来。然而女方家则是常乐镇附近的大户人家，两家的贫富差距太大，本来就是门不当户不对，难以结成亲家。张謇和徐氏为何最终能够结成连理呢？这还得从两家都看中人品说起。

张彭年挑着糖担下乡兑一些旧货的时候，曾经在路上碰到了一家农民的小孩，他看到孩童们央求母亲兑换糖吃，他心里生出了恻隐与怜爱之心。

哪知道这位母亲没有同意，而家中主事的男人又到镇上去了。没有办法，这位母亲看到家里有一床破旧的棉胎，灰尘很多，觉得没什么用，就拿去兑糖。这破旧棉胎居然兑得了一大块糖，孩子们拿到糖后脸上都乐开了花儿。等到男人从镇上回来，看到家里的旧棉胎不见了，着急忙慌地想赎回棉胎。

第二天，张彭年又挑着担子下乡，按照原来的路线一路叫兑，到了这一户人家，只听到昨天那个用棉胎兑糖的女人说：兑糖兑糖，几乎把我们的性命“兑”了去。张彭年一回忆，点点头说：嗯，我担子上的旧货是不是你家的？你仔细看一看，如果是，那就原封不动地奉还，之前兑取的糖也就不用还了，一并送你们吧。那家媳妇细细看了旧货，的确是自己的棉胎，就取了回来。张彭年说，我们是生意人，不在乎这点得失的，你们家里的积蓄也不多，添置一条棉胎也很不容易。两人正在交谈，家里男人上前询问，知道了事情原委后连连道谢，感激不尽，还没忍住哭了起来。他的媳妇感到莫名其妙，不知道他为何如此激动，只见他一把把破旧的棉胎夺过去，打开一看，二百元依旧藏在那里，原封不动，丝毫未损。这家人就跟海门的徐家做媒，说张家诚实、人品好，家风正派，小儿子张謇有出息有才干，还写得一手好文章，如果不看家庭出身的话，两人在一起绝对是郎才女貌，将来一定会夫妻和睦、婚姻圆满的。就这样，这场婚事就算促成了。徐家从未嫌弃过张家贫困，反而对张家吃苦耐劳、积善成德的家风甚是欣赏。

在很长的一段时间里，张謇的夫人徐端与张謇同甘共苦，没有丝毫娇生惯养的大小姐作派。其实，徐家本来就较为殷实，之后家道中落，懂事的徐端还曾经变卖过自己的陪嫁田产来帮助家里还债，的确是一位体恤家庭的好姑娘。张謇得知徐端曾经卖过嫁妆帮助徐家解困，没有因为这事而埋怨对方，反而大加赞赏徐端的人品，打心眼里认可这个好媳妇。在这一点上，两位年轻人都是顾家的好儿子、好女儿，这还真应了中国那句古话："不是一家人，不进一家门。"

张謇与徐端成婚第三天，徐端就换上日常的粗布衣服，安安稳稳过起日子来。婆婆看了之后，觉得这媳妇很踏实，有志气，张謇也对夫人大为欣赏。结婚之后的几十年，直至徐端病逝，夫妇二人的感情笃深。

其实，从这门亲事，我们也能看出张謇一家两辈人的家风。张彭年是一个少年时候读过一些书的厚道之人，在乡里有很好的口碑，张謇的母亲金夫人属于正派有主见的严母，在儿子张謇成长过程中严厉管教，对待贫苦的乡邻，张彭年夫妇都有济贫救世的菩萨心肠。有如此父母，如此儿子，如此儿媳，真是一家和睦，万事和谐。

二、吴提督幕僚

吴长庆（1829—1884），字家善，号筱轩，又称小轩，安徽合肥市庐江县人，是淮军最早成立营号之一的"庆字营"统领。生前历任河北正定镇总兵、浙江提督、广东水师提督。正一品封典，谥号"武壮"。因戡定朝鲜"壬午兵变"为世所重。吴长庆也以敬礼士大夫而闻名于世。

吴长庆是武将世家，他的父亲吴廷香曾经在太平军打到安徽的时候，训练团练来应对太平军。1854年与太平军作战中战死沙场。清廷为奖励他尽忠职守，封其为云骑尉世职。五年之后吴长庆承袭了这个职位，开始在安徽开展团练，有了自己的“庆字营”，曾国藩还曾为这个新建的庆字营题过“忠孝坚定，不可扰折”八个大字。吴长庆善于用兵，屡立战功，在清廷很有威望。同时，吴长庆也是一个喜好文墨的儒士，

吴长庆对张謇的印象又如何呢？由于江宁发审局对江阴炮台具有督修之责，孙云锦与吴长庆的书信来往是很频繁的。吴长庆在1873年就已经在注意并赏识了张謇的文字，加之有孙云锦不时的“逢人游扬”，可以说吴长庆在未见到张謇之前，已对张謇产生了很好的印象。这孙云锦原是桐城名绅，而吴长庆之父吴廷香也为庐江名绅，桐城与庐江相毗邻，吴廷香与桐城马三俊、方宗诚、戴钧衡以文章风义相砥砺，吴廷香还与吴元甲（吴汝纶之父）同年举孝廉方正。[①]由于这样的关系，吴长庆对孙云锦执子侄礼。孙云锦看中的人，吴长庆自然格外相怜相惜了。他与张謇一见如故，怜爱有加。[②]

当时张謇见过吴长庆，对其钦敬有加，吴长庆也赏识张謇的才干，时常关照张謇的学业。到此年年底，孙云锦奉命调河运差，离开江宁，他征求了张謇的意见，问他是否愿意与自己一同离开，张謇为了次年的乡试，婉言谢绝了孙云锦的好意。于是，孙云锦调离之后，张謇答应吴长庆的邀请，进入庆军府做幕客，开始负责机要文书工作。这一次张謇做幕客，不再是简单地了解民生民计，开始接触和参与一些与政务有关的幕僚工作。

说来有意思，吴长庆和孙云锦是世交，他怕孙云锦舍不得张謇，但是

---

① 吴汝纶：《吴太夫人墓表》第1卷，黄上山书社，2002年，第278页。

② 夏冬波：《张謇与吴长庆交谊初探》，海门市张謇研究会，http://zhangjianyanjiu.org。

自己又的的确确求贤若渴，于是几经婉转向孙云锦表露自己的爱才之心，最终还是按捺不住，还是跟好友实话实说，期望孙云锦割爱，让张謇来给自己帮忙。

吴长庆欣赏张謇到何种地步？有一次，在与张謇聊天的过程中，得知张謇内心还是有志于科举，于是吴长庆就开始劝勉张謇，让他积极参加考试，而且还愿意资助这次考试所有开销。一开始，张謇觉得这也不过是个官家的场面话，没往心里去……没想到三天之后，吴长庆真的让部下送来了"朱提百两"，这着实让张謇感到震惊。看到这样的诚意，张謇的确十分感动，因为自己一路科考，经历了"冒籍"事件之后家里再也供不起他科考的经费，而这些银两，恰恰是自己此时正急需的经费。从此以后，他对吴长庆刮目相看。

其实，吴长庆的父亲原本是个绅士，吴长庆后来虽然操办团练，投入军旅，实际上也是书香门第出身。他身材魅梧，声如洪钟，又因为爱好文章，在自己的幕府里面网罗了一批文化人，张謇便是其中之一。据说，最初吴长庆与张謇结识之后，他还亲自往张謇学习的惜阴书院拜访。在一次与文人聚会时曾表达过对张謇文章的喜欢，一直有招揽张謇入幕的渴望。张謇则对这个魁梧的吴提督印象深刻，也写过诗作来赞扬吴提督的仗义疏财和礼贤下士。最终，在1876年的初夏，23岁的张謇正式投入吴长庆的幕府，参与军中要务，起草重要的文书，每月俸银20两。

张謇曾经这样赞扬吴提督的爱才风范："爱士而门左千客，门右千客；罗贤而朝一拨，暮一拨。"吴长庆在招募了张謇之后，高兴之余，还在自己府中为张謇建造了五间房舍，方便他读书与办公。这等优厚待遇，也真是惜才爱才啊。当然，张謇也没有辜负吴长庆的礼贤下士，他胸怀远大报负，认为辅政吴长庆就等同于踏上了建功立业的仕途，希望自己能够像曾国藩那样，成为一代名臣："朝鱼而暮龙，功名蜕侯伯"。

奉呈庆军统领庐江吴提督

隐然江表系长城，复见中兴汉广平。
喑咤但闻威百战，须眉未觉异诸生。
纵横羽檄春移帐，卓荦图书夜启楹。
尽使风云求猛士，眼中衮衮是英彭。
峨峨高节拥辕门，拂拂朱旗绛阵云。
难得名公趋赵壹，况容揖客重将军。
明珠却聘宁无意，宝剑衔知昔所闻。
骏骨从来能得马，好收骐骥共殊勋。

三、更名自勉

在这一时期，张謇还做了人生中的一件大事，那就是给自己更名。

1877年12月，24岁的张謇改名为謇（之前因为"冒籍"，被叫作张育才），改字为季直。其实，张謇的名字还真是很多，此前祖父到吴家做上门女婿，张謇的父亲就应该是吴家人。等张謇三兄弟出生的时候，原本应该姓吴，所以张謇那个时候起名吴长泰。后来因为科考之需，为了脱离冷籍，就"冒籍"到了远方姓张的那户人家，改名换姓，叫作张育才。因此，第一次正式参加科考时用的名字就是张育才。"冒籍"风波过后，自己幡然悔悟，再加上祖辈历史已经过去久远，吴家后人也不再多有音讯，为表示重新做人的决心，他就彻底给自己更名为张謇了。张謇改名字到底有什么更深层的含义吗？他的好朋友周彦升曾为张謇的更名事件写过一首有意思的诗，里面道出了其中的原委。

更名篇寄张季直謇

周彦升

严光①易姓今无所，罗隐②更名古有例。
君名昔与我同音，更名育才字曰季。
育才今又更为謇，不独更名兼改字。
謇之为文古通蹇，匪躬蹇蹇谈何易。
謇修为理耻自谋，謇叔哭师遭忌讳。
申繻称名古有五，以字证名识君意。
直言謇谔非所短，请君还思蹇吃义。

周彦升和张謇特别要好，彼此有密切的交流、至深的友谊。周彦升内心深处还是大致理解和同情张謇在“冒籍”风波中的坎坷遭遇的，改名为“謇”，也能参透其中的意思。

周彦升的这首诗，一开始从古代两位名人严光和罗隐讲起，说严光为

① 严光曾经与光武帝刘秀是同窗，也是非常要好的朋友，积极帮助过刘秀起兵。等刘秀夺取天下即皇帝位后，严光改名换姓，隐居起来。刘秀思贤念旧，想起这位昔日的好友，让人画出严光的画像，四处寻访。

② 唐朝末年，罗隐和许多人一样也想借助科举进入仕途，一展宏图远志。可惜从28岁到55岁，多次科考都名落孙山，于是愤然改名为“隐”，归隐江湖。罗隐名声很大，才学出众，就连当时的宰相都十分欣赏他。

了不巴结权贵，改了自己的“姓”，从此隐姓埋名，这在今人看来都是匪夷所思的事情，或者换句话说一般人不会这么做；罗隐改名，则属于古人先例，自己给自己更名这件事情，其实未尝不可。

“謇”，就是说真话的意思，敢于说真话，堂堂正正做人，不要再为了一些眼前的蝇头小利而听信他人怂恿，做出类似“冒籍”这样的欺骗之事。追求光明磊落的人生，成为此后张謇毕生的追求。

“謇”，古时候也写成“蹇”，“蹇蹇”则是忠诚、正直的意思。在这里还有更深层的含义，就像《易经》里面所说的“王臣蹇蹇，匪躬之故”。意思是说，人民看到臣子们那样忠诚而辛劳，其实他们并不是为了自身的私事，而是为了国家。因此，一个人想要堂堂正正，就需要有博大的胸怀、大公无私的精神。张謇改名有这层含义，表达了一个热血青年的远大志向。

南通大学教授姜光斗解读这首诗时，说道：“謇修为理”来源于《离骚》“解佩纕以结言兮，吾令蹇修以为理”。“蹇修”就是媒人的意思，屈原在《离骚》里的原意是说让媒人去替他说媒。友人周彦升借此说明张謇是一个绝不会为自己谋利的人。“謇叔哭师”是说爱国人士謇叔在秦国君王出兵去侵略别国时号啕痛哭，遭到君王的痛骂。周彦升的意思说，你张謇如此正直敢言，也会遭忌讳，这对你是极为不利的。古人申繻就有五个名字，都是含有深意的，你用季直为字来证实你名謇的用意我是能够领会的。[1]

---

① 姜充斗：《周家禄解释张謇名字的含义》，海门市张謇研究会，http://zhangjianyanjiu.org。

不过出于对朋友的关心，周彦升在最后的两句诗里，还不忘记嘱托张謇要注意直言表达的度，因为历史上那些太过正直、直言不讳的人，会遭遇各种人生波折。“直言謇谔非所短，请君还思蹇吃义”里面包含了更深层的含义，周彦升用到了“蹇吃”一词，“蹇吃”其实就是口吃的意思。周彦升在这里以好朋友的身份，将心比心地告诫张謇：直言不讳，固然是一个非常好的品质，但有的时候，可能还得假装口吃，多一事不如少一事，小心为妙啊。

张謇将字改为“季直”，则是希望自己能够淡泊名利，像南齐人陶季直那样踏踏实实做事[①]，这也是良好的家教以及读书多年之后张謇对自己为人处世的一个要求。

---

① 陶季直，南北朝大臣，出身官宦世家，历西晋、宋、齐、梁四朝，从诸侯国侍郎、参军至廷尉、黄门侍郎。陶季直虽经历南北朝天下纷乱，皇权更迭，自身却淡泊名利，尽心尽力为官做事，为人有操守，不趋炎附势，不谋求财利，虽历任中央和地方高官，临终时却家徒四壁，死后无钱安葬。这在当时殊为罕见，因此历史上评价很高。

第二节　朝鲜之行

人的一生，就是不断地遇到一个又一个人。有的人彼此成了擦肩而过的匆匆过客，有的人则因为人格品位、志趣意向与自己相投而成为朋友。

在江宁发审局的张謇，尽管有孙云锦老师的指引，最终还是遭遇了一些排挤，无处安身。好在他栖居书院的时候，遇到了一代儒将吴长庆。吴长庆见过几次张謇，彼此相互欣赏，是他最终为张謇提供了更大的发展空间，让他迈入了国际政治交往的舞台。从此，张謇从一个海门乡下人，进入晚清上层社会，被卷入国家的各派改革争论之中，在此后数十年的政治舞台上，他扮演着不可或缺的重要角色。要说这一切与张謇祖辈的家风有关的话，应该是张氏家族提倡的纯朴、耿直和踏实的家风吧。

张謇做了吴长庆的幕僚之后，起初还是不太适应这种军中生活。他在日记里写道："某于光绪初年，初入吴武壮幕，时已下午，室中仅置铺板一付，粗木桌椅各一。适值大雨如注，未几水流入房中，深至数寸。盘膝坐于板上，一灯如豆，万念皆灰。遥闻中军账中，拇战仍正豪，武壮宴客席未终。回思此境，实觉难堪。”意思是光绪初年，我初为幕僚，到了下午的时候，自己的室内东西简陋，只有床板一副，粗木桌椅各一把。外面大雨倾盆，屋子还进水了。自己盘坐在床上，室内只有微小如豆一般的灯光，整个场景好不凄凉。远远地听到军帐里武士们的宴席还是热闹非凡，尚未终结。

可想而知，在这篇日记里，张謇觉得自己一介书生，初入军营没有办法很好地融入这里的生活，感到十分孤寂。不过很快，种种的不适应被手头繁忙的公务冲淡了，并且在军中办理文案，让张謇有了更多与淮军中上层人士接触和交流的机会，这些机会都是难能可贵的。在军队里待久了，张謇也和不少将领们熟悉，彼此成了朋友。

1880年，吴长庆奉命督办山东海防，张謇也跟着到了山东，随军移驻山东登州、黄县。张謇毕竟是江南人士，第一次北上，登上了东岳泰山，参观庙宇，又看了一路的汉唐旧址，禁不住产生了思古怀旧的情感。

后来吴长庆升任浙江提督，奉命到了北京，张謇也一同随行。张謇到北京之后，看到了不一样的景色，帝都的文化景观更是让他大开眼界。等到吴长庆进宫朝见光绪皇帝之后，张謇似乎觉得经书里时常提到的一国之君不再遥不可及，皇宫里的各位主事不正是自己目前所从事的幕僚文职所直接服务的对象吗？跟随吴长庆的这几年，的的确确让他进入了上流社会的政治事务当中，为期三年的庆军中幕僚生涯为此后张謇的仕途积累了宝贵的经验。

光绪八年（1882），朝鲜发生了“壬午兵变”，兵变士兵“烧粮房，杀官吏，并且杀了日本的练兵教师”，日本以保护侨民为借口，出兵朝鲜，想借机干预朝鲜内政。清廷当时出于以下考虑：一方面朝鲜有请求援助之需求，另一方面也要防止日本膨胀的吞并东亚的野心。于是立刻派水师提督丁汝昌带兵与吴长庆的全部兵马入朝平乱。这时候，吴长庆的幕僚中虽然人才济济，但是重要的机密和写文书等事宜只信得过张謇，张謇成了吴长庆的左膀右臂。

处理这场国际外交中重要的事务，都是由年轻的张謇来操办的。张謇在紧急的情况下，思路清晰、条理分明，处理紧急变故沉着冷静。他从容不迫地处置了一件又一件事务，不但要对敌情进行周全地分析，而且要规划行程和设计援助计划。各种文件上传下达，忙碌不停，白天忙不完晚上接着干，真是忙得不可开交。

在去朝鲜的路上，张謇写了一篇晓谕朝鲜的檄文。到了朝鲜之后，在朝鲜派来的判官陪同下，他稍稍了解情况之后，第二天夜里就审时度势地做出了平乱的决策；没过几天，他接到朝鲜国王的信息，得知乱军还要在两个地方发起暴动，于是张謇当机立断马上制订了攻剿计划。前后只用了一二十天的时间，就解决了朝鲜的政治危机。当时抓获了乱兵两百多人，张謇看到其中有许多是父子兄弟和亲属，在语言不通的情况下如若一并赶尽杀绝，未免太过残忍。于是张謇和吴长庆、朝鲜国王商量之后，下令杀了几个重要的头领，又判了几个人重罪，将大部分参与叛乱的士兵从轻发落。一代儒者，以大局为重，但恻隐之心也尽显无遗。

乱事平定，朝鲜国王李熙接待了吴长庆以及张謇，礼节非常隆重，并且送了张謇一套三品冠服。此时张謇才29岁，就已经显示出了非凡的政治才能。

其实，吴长庆一行向朝鲜出兵，主要是为了帮助朝鲜维护统治秩序，阻止日本军队乘机对朝鲜进行侵占与骚扰，还有就是加强清廷自身的国防安全。因此，吴长庆自然是立了大功，作为吴长庆队伍里最为重要的幕僚，张謇更是功不可没。他参与制定了一系列决策，并且执行得非常出色，显示出超于常人的干练来。

平定乱事，赴朝的清军都已经是不辱使命了。待到论功行赏的时候，张謇毫无疑问应当是一大功臣。吴长庆当初承诺，出谋划策平定乱局者奖赏三千金，为了兑现自己当初的承诺，他给张謇论功行赏。但没想到的是，张謇认为吴长庆对自己已经不薄，坚持拒绝了这份奖赏！吴长庆也是君子风度，既然张謇本人不愿意收，他就不再勉强，但是自己也是个信守承诺的人，于是他就瞒着张謇给他的老家寄了一千金，算是告慰张謇双亲的辛苦栽培。这才是那个时代最令人感动的君子之交啊！

在平定朝鲜乱事期间，张謇目睹了朝鲜被日本威胁的艰难政局，也看到了朝鲜由于不稳而造成的社会紊乱，各阶层矛盾日益突出，朝鲜处在风雨飘摇之中。所见所闻，让他有感而发，他不再仅仅只是日常电文的起草者，参与庆军机要会议的记录员，而是参与重要军事行动的决策者和指挥家了。在这段时间，张謇写下了诸多政论文章，如《壬午东征事略》《乘时规复流虬策》《朝鲜善后六策》等。为军机大臣翁同龢所赏所。此时的张謇，已经可以从国际关系来思考中国的政治处境，在不断开拓的视野中重新整理自己曾经的学识，更为深刻地认识到了民族危机的严重后果，他开始逐步梳理和形成自己的政治理念和思想。

张謇的《朝鲜善后六策》，传到京城，得到了当时社会上“清流”们的大加赏识。

“清流”原来是比喻君子德行高洁、勇于言事，此时用来代指那些翰林院有奏事权力的、有名望的官员。在十九世纪七八十年代外国列强侵略中国时，洋务派表现得没有自信、怯懦退让，而守旧派则一味盲目排外，无所作为，在这种局势下清流派积极行动、主张鲜明，成为重新凝聚信心和指明国家发展的主导。清流派抱着家国天下的坚定理想，既不盲从洋务派，崇洋媚外，又不像静观其变、墨守成规的守旧派，他们忧虑着国家的未来，积极上疏，累牍陈言不下数百封，不避权贵，弹劾不称职的官员，将不称职的军机大臣或部院大臣一一扳倒，彼此之间相互支持，形成了一个不为名利、不浮躁、不冒进又极具影响力的特殊团体。

《朝鲜善后六策》被送达朝廷，连慈禧太后在看到张謇的文章后也大加赞赏，张謇的名字在京城引起了不小的震动。不过，北洋大臣李鸿章主张的是“牵制政策”，与张謇的思路不太契合，因此此文也就没有引起更多的波澜。为此，张謇还对此事发了一番失意的感慨，他认为清廷没有意识到局势的危机，没有人明白自己诚挚的爱国心。

此后不久，慈禧按照李鸿章的意思，削弱了吴长庆的兵权，庆军改由马建忠统率，之后张謇就离开了朝鲜。回国之后，吴长庆由于清廷内部的派系冲突，1884年抑郁而终。吴长庆死后，幕府的各个宾客也都散去，张謇离开官场，重新回到了故乡通州，安心于他尚未成就的科举考试。

从朝鲜回来的张謇一方面尽心尽力奉养父母，另一方面专心学习，同时帮助父亲处理乡间的各种事宜，由于有了这段锻炼的经历，张謇在乡民中有了更高的地位和威望。下面这首诗，表达了他对这三年幕僚生活的总结：

沈沈久雨云，混混下江水。
水去不复回，云开故有俟。
坐怜浩荡中，万亿流离子。
虚望将焉酬，空悲亦可耻。
天地有端倪，附仰究终始。
及时且宁静，丈夫要如此。

话说回来，张謇离开庆军的时候，还有其他发展的大好机会，两广总督张之洞、直隶总督李鸿章都十分赏识张謇的才干与为人，有意网罗他到自己的门下。可是张謇对这两位高官都予以婉拒，后人说张謇有“南不拜张，北不拜李”的清誉。

此时的张謇，扬名海外，但他内心的最真实想法，还是期望能够通过科举博取功名，真是一个“读书迷”“科举迷”。

第三节　协助乡务

光绪十年（1884），吴长庆病逝，张謇回到故乡。在1884—1894年期间，张謇协助地方办滨海渔团、散赈平粜、设立社仓，还引导乡邻种桑树养蚕等。

在回乡的这十年间，张謇过着非常平静的生活，他将自己的精力主要集中于办理一些乡里的事务上。

协助父亲治理乡务所积累的社会经验，让张謇更了解中国的国计民生以及社会现实情况。

当时，通州一带以种植棉花为主，乡民都是依靠织布来谋生的。由于当时的苛税负担很重，加上此后又遭遇了荒年，所以农民苦不堪言。张謇于是就与通州恒记布庄老板沈燮均合作，联络各处的花布商人，请求政府减少捐税。这件事情经过东奔西走，终于成功，这为海门人开通了一条生计。

之后，地方闹了灾，殃及几千人，为了安定民心，张謇通过朋友关系借钱赈灾，这前后忙碌，也是大费周章。这时的张謇，十分体察民众的疾苦，为了让乡民走出贫困，他开始注意海通的农业经营。光绪十三年（1887）春，张謇帮助父亲号召乡邻种桑树养蚕，他用筹集的款项从湖州购买桑树苗，然后按照《桑蚕辑要》书中的讲解把种植方法教给农民。

到了第二年，张謇一家开始试着培育春蚕，此后又向乡民们分送了一些树种，希望在地方发展树木经济。鉴于一个人的力量有限，张謇于是请求地方官员借用行政的力量来劝谕乡民兴办养蚕业，可是这些努力一时间并没有得到乡民们的响应，张謇又想借鉴欧美的经营方式来推销桑树苗。但这一切的探索，在通海地区没有收到很好的效果。此时，张謇不断地在思考，到底是什么原因导致这些好的想法没有办法付诸实践。在与商人打交道的这番经历也为之后张謇创办纱厂积累了很好的经验。

张謇看到家乡那些孤苦伶仃的穷人，想到了海门原本存在的溥善堂，这是旧时的慈善机构，但是已经荒废多日。因此，只要有机会见到地方官员，他就极力请求恢复这个慈善机构。光绪十年（1884），通州遭到了严重的自然灾害，张謇与乡亲们共同商议，集资平粜放赈。灾后张謇发起建立了常乐镇的永久性社仓，为将来灾害设立了预防保障的机构。

张之洞为总督时，让张謇总理通海团练，张謇考虑到这对地方有益，没有推辞。通海一带，有时候会有海盗出现，这些海盗严重影响沿海百姓的生活。为了改善这种状况，张謇就在沿海开始筹办沿海渔团（团练），实现民众的防卫自保。不过按照之前办团练的经验，如果通过募捐来筹款，的确又会加重地方的负担，思前想后，张謇决定典当自己的二十四箱书籍，凑了一千钱用来办团练。

在文化建设方面张謇想恢复孔庙舞乐，于是请学院龙侍郎等教授乐舞，希望重振地方的文化生活。他在家乡的所作所为、所思所想无不体现一个儒者治世的慈善之心和造福一方民众的民本思想，从救济贫困到种桑树养蚕，他从经济上关心普通老百姓的生活，从操办团练到开展乐舞，他既考虑了地方安全，又关心民众在安稳的生活中应当拥有更高的精神追求。张謇凡事都想着自己家乡的百姓，为乡民做了他自己所能想到的事情。海门的闭塞一定程度上可以看作是相对独立的地方，可以用儒家的情怀来治理，这也为张謇以后建设南通积累了最初的经验。

除此之外，张謇与父亲一起推动了家乡慈善事业的建设，在农业生产、乡民生活、文化教育等方面都投入了大量精力，受到乡亲们的认可，获得了广大乡民的爱戴。

第四章

辞官创业

张謇回乡十年期间，陆续参加了几次科考，最后一次竟然是为了完成老父亲的愿望才匆匆赶考，没想到一考中的，从此登上仕途。在高中状元之后张謇又经历了甲午之战以及李鸿章风波，张謇觉得辞去翰林院修撰的六品官，回乡开始了一番新的人生。

通过短暂的为官经历思考着国家的前途，他给出了自己的答案，他认为晚清乱局不可能通过自上而下操弄政事来解决国际冲突和民生问题。如果上层没有希望，那究竟该如何救国？

张謇经历了这个新旧交替的时代，他所活动的范围也从官僚政治跨越到民间生计，他的人生转折更能让我们看到时代的危机以及蕴藏其中的时代的希望。

如果说农耕为本、农业为生是张氏家族几代人的经验总结，是家族延传生计之道，那么农商自立、本末结合就是张謇的祖父、父亲所创新的传家宝。从官僚政治回归民生，这是张謇从张氏家族那里获得的宝贵经验，如果要把这个经验提炼总结为一句至理名言的话，就是《周易》所说的“天地之大德曰生”。

张謇15岁就参加科考，那时年少的他应当早已熟读“四书”“五经”，而屡次赴考备考，也让他反复揣摩过经书里每字每句的意思。纵览这二十多年的求学路，在高中状元之前，对他影响最大的非《周易》莫属。

在光绪十七年（1891），38岁的张謇为《周易》专门做了音训句读，逐字逐句注释了这本经书，前后约七万余字。待到张謇高中状元，又经历了弃官从商，做出一番响当当的实业之后，他为自己第一次尽心筹办的南通纱厂取名为“大生纱厂”，这里的“大生”恰恰出自《周易》“天地之大德曰生”，“大德大生”便是张謇创立南通大生纱厂的初衷。因此，可以说“天地之大德曰生”，是张謇在多年熟读经书、科举考试的经历中，最难忘怀的一句话，“大生”则是这句话最凝练的表达。

辞官创业、实业救国，为何四十多岁之后的张謇在人生道路上会有如此转折？要想得到这个问题的答案，我们还是回到张謇所处的社会说起，两者构成了个人与社会的密切互动，而张謇的个人政治境遇成为一面镜子，折射出那个时代关于国家前途的样貌。

第一节　辞官缘由

光绪二十年（1894），41岁的张謇参加甲午恩科会试，夺取一甲一名进士，高中状元，例授翰林院修撰。同年六月，中日甲午战争爆发，北洋海军惨败。张謇单独上疏，痛斥李鸿章“战不备，败和局”，请求朝廷“另简重臣，以战求和”。

有人说，张謇的一生可以用八个字来概括：半生文章，半生实业。这八个字，似乎把张謇在科举夺魁之前和夺魁之后区分开来，认为张謇的人生以高中状元为分水岭。然而，如果细细品味张謇所经历的家庭教育，我们就能看到在父亲、先生们的敦促训导和母亲严厉沉稳的人生引导下，张謇一生前后的所思所想是连贯的，他的所作所为也是表里如一的，两者贯通一致的机要之处，恰恰体现在“天地之大德”。正是在国家遭受外强凌辱、国运衰微、民不聊生之时，这位甲午状元梦想通过一番实业，开启一条不再期待朝廷的救民救国之道。

一、甲午转折

在张謇回乡协助父亲料理乡间事务的十年里，但凡到了有考试的年份，父亲就会一再敦促他去考场上一搏。二十多年下来，张謇不负众望，终于获得了状元。

1894年，张謇中了甲午年的状元，还没有轻松几天，就爆发了中日甲午战争。一边是个人命运的幸运之喜，另一边则是国家危难的存亡之忧。作为富有责任心的士大夫，这样的政治时局下自己怎能不去过问、不去关心？

日本自1868年实行明治维新之后，国力大为增强，在对外的国际关系上，总是觊觎中国的国土。据说，1869年，日本明治天皇就曾经颁布过“御笔信”，表露了要“开拓万里波”的野心，他要让日本这个快速成长起来的国家能够威震四方。在这样的动力下，日本在1894年借着东学党起义开始派军进入朝鲜。按照国际时局，清廷对于日本在朝鲜的驻军是较为紧张的，害怕野心勃勃的日本会借机危害大清的利益。在这样的背景下，清廷开始期望能够与日本达成和谈，可是最终，日军还是点燃了战争的导火索，对中国发起了攻击。

在如此紧迫的危机当中，清廷最高的掌权者，光绪皇帝背后的慈禧则是不紧不慢地过着自己的享福生活。1894年，是慈禧太后六十大寿，本来每三年举行一次的科举考试也在这一年特殊增设一次。没想到战争居然会在这一年爆发，打破了慈禧原本想要保持和平稳定的迷梦。她只希望战争赶紧结束，最好不要影响她的六十寿辰。于是，在这样的主导思想下，以慈禧为首的一派在面对日本时，基本上以息事宁人“主和”为主。同时，慈禧为了让自己的生日能够彰显气派，还无视军中大臣的反对，大肆铺张浪费地修建了颐和园，挪用了海军军费五百万两白银，这让朝廷中的很多官员敢怒不敢言。

甲午年，发生了太多事情，状元、战争，这些都将成为中国未来之路的发展线索之一，它们究竟意味着什么，历史自有定论。

二、是“战”还是“和”

慈禧及其亲信李鸿章，在这次战争中的立场原本就是主和的。而张謇与他的老师翁同龢及其他愤愤不平的大臣们，则是主张积极迎战的。朝中两派争辩得异常激烈。

光绪皇帝虽说是一国之君，却被慈禧掌控着，没有实权。围绕在他周围的大臣们都秉持“天下兴亡，匹夫有责”的信念，总是希望能够为君主、为“天下”尽己之力，获得最大限度的太平。此时积极主张迎战，就是为了避免今后一二再再而三地被侵略。主战派没有实权，忧国忧民、火急火燎。张謇每次看到日本气焰嚣张时，都义愤填膺。他经常在翰林院宣讲主战的必要性，慷慨陈词，为主和派的懦弱而愤怒。当时，他提到最多的一句话就是：“士苟以洗国耻，觉民智为心！”

翁同龢作为光绪皇帝的老师，又是军机大臣，按理说他的言行是有一定分量的，但是他说的话常常只能说到皇帝的心坎上，却说不到慈禧的心坎上。因为即便是位高权重的军机大臣，最后也得听慈禧的，没有老佛爷点头，谁敢出兵还击呢？

这些富有责任感的士大夫们，此时只能像热锅上的蚂蚁一样，焦急期盼，但无奈之下清廷总是按兵不动，直到日本人不宣而战，把中国打个措手不及。这个时候，人家都打过来了，难道就生生挨打不应战吗？1894年8月，慈禧终于点头，清廷正式宣布对日作战。

这年的6—9月间，张謇多次和翁同龢书信往来，不断地交换意见，探讨中日作战的对策。早年赴朝鲜助战时，张謇就已经展现出出色的国际局势分析能力，此时这位新科状元更是与翁同龢绞尽脑汁，为清廷献计献策。翁同龢是主战派，张謇凭借之前对朝、日局势的分析，也觉得应当应战，为此他还单独上疏，认为李鸿章“主和误国”，陷国家于困境。可是，张謇无论如何没有想到，清廷迫于无奈才不得已迎战，由于没有积极迎战、主动出击，甚至没有制定先声夺人的战略，不过是能不打就不打，能拖就拖，最后不得已“打”了一下，形势一旦缓和，继续求和，清廷的这种态度和情况让张謇始料未及。

交仗的一方，如果没有决心和底气，那么两军兵戎相见时，就会力不从心。平壤战役、黄海海战节节失败，就是这个结局。但是李鸿章和慈禧太后“主和”太过明显，压制了主战派的思想意图，于是，张謇又一次因为政见不和而倍感失望。此外，还与军队平时练兵懈怠、军饷被挪用大有关系。面对这样的无奈，张謇将矛头直指权倾朝野的北洋大臣李鸿章，这个掌管北洋军力的大臣居然让一个泱泱大国的军队在面对日本的攻击时束手无策，连连吃败仗，这是何等匪夷所思。而且主和派处处想着退让议和，简直让任何中国人都无法忍受。于是他联合了三十五名翰林院的士大夫集体谏言，以天下国家为己任，上告李鸿章。不仅如此，张謇还单独写了一本弹劾李鸿章的奏折，详细列举了李鸿章耽误国事的种种行为。

有人觉得张謇得罪了李鸿章，吃力不讨好，因为李鸿章终究是慈禧太后的人，表面上顺应民心，被削职贬官，实际上动不了他的一根汗毛，慈禧老佛爷依旧大权在握，李鸿章仍旧是她的心腹之人。但张謇，就是这么一个正直坦荡的人，他在为整个国家忧心忡忡，哪里还有时间去考虑得罪不得罪人的事情。他的拳拳爱国之心、他的正义感只能让他豁出去，牺牲小我成全大我。张謇觉得，作为新科状元，如果在国家危机之时不敢直言不讳，依旧要处处小心、明哲保身，那么这个状元便不是国家的状元，愧对君主与天下所望。为了个人得失而去当个徒有虚名的状元，这不是张謇从小就梦寐以求的理想，这样的官职不要也罢。对于此事，张謇从没有后悔过，他费尽心力地振臂高呼，却收效甚微。这一番折腾让他看到了自己在面对强大的朝廷时，力量是多么的渺小，同时他透过这期间微妙的各路“关系”，看到了官场上的各种腐败。

追求了二十多年的科举功名，张謇不是为了私利或是名声，他只是想做一个对国家有用的栋梁之材，能够为国家的发展、建设尽绵薄之力。无奈，在国家危难时刻，自己也无法改变这样腐朽的体制，与其如此，自己的凌霄志向随着腐败的官场一并消失吧！张謇认为与其当一个六品无为的文弱官员，一辈子在翰林院趋炎附势、碌碌无为，还不如回到自己的故乡，做一个对得起良心、对得起民众、对得起国家的有用之人。

三、父亲病危

1894年，重阳，从通州老家捎来消息，说家中的老父亲病重，怕是熬不过这关。张謇一得知这个消息，就匆忙向朝廷告假回乡。从天津坐船到上海，然后再到南通，他一路心急如焚，没过几天，整个人憔悴得不成样子。最遗憾的是，当他赶回去时，父亲已经撒手人寰，此时的张謇简直是痛不欲生。

不过话说回来，张彭年这一生应该是知足的，他把几个儿子都培养成人，尽管曾经穷过、苦过，艰难的日子都熬过来了，更何况还培养了一个万里挑一的状元，按照古时候的说法，张彭年可以含笑九泉了。

张謇看透了朝廷的腐败，于是借着给父亲守丧的三年时间，有意地回避朝廷。他希望远离官场上的纷扰和钩心斗角，开始了一段清静的生活，也对自己人生的意义再一次进行了认真的思考。

在家丁忧的三年里，张謇虽然远离了官场，但还是一直关心着国家的前途。在得知甲午战败后清政府派李鸿章作为全权代表与日本签订了丧权辱国的《马关条约》之后，张謇辗转反侧，曾一度无法言语。1895年，他在日记中悲愤地写道："和约十款，几罄中国之膏血，国体之得失无论矣。"意思是十条和约，几乎吸尽了中国的膏血，这个国体是好是坏就已经不用再去争论了！他还写道："反思之前朝堂上的种种纷争，其实大多也都是图口舌之快，言语之争，既不能致敌人于死命，也不能为国除奸，辜负父亲的使命而盗取了君主的俸禄，这是多么大的罪啊！"在这番愤怒感慨和反思之后，张謇对清廷彻底失去了信心，他不愿意再入仕途做官："遂一意暂断仕进！"

四、通海团练

在为官的短暂时间里，张謇看到了清廷政治腐败，官吏贪污，对李鸿章屈辱投降的外交政策更是愤怒。自己从小得到父亲的教诲，讲求注重农事，务实惠民，读书要经世致用，造福一方，“以读书励行、取科名、守父母之命为职志。”出于种种缘由，新科状元决心尽自己的力量，干出一番事业来回报这状元之名，实现自己一生的志向。

1895年，在家守丧的张謇接到通州知州转任两江总督张之洞的信函，让自己负责办理通海地区的团练。张謇觉得地方乡绅兴办团练能够充实国家兵力，因此他花费了五个多月的时间认真筹办江防团练，同时起草了不少切实可行的方案。为了减轻团练给民众带来的经济负担，他不搞募捐，而是将自己的24箱藏书典卖，然后用所得资金补助团练费用。读书人最爱书，在这里比不上海防自卫，这就是张謇在经书世界与自强实业之中的抉择。

在兴办团练的过程中，张謇和张之洞逐渐熟悉起来。中日甲午战争结束后，张之洞发来了撤防的公文，通海团练解散了。

通海劝防歌

我乡义勇好男儿，各来听说中日事。
不听人人都睡着，听来各个应发指。
本朝蕃属有朝鲜，三百年来是固然。
日在海中国千里，藐小三岛而已矣。
自从吞得琉球国，渐将中国看不起。

去年朝鲜有乱党，本朝出兵为扫荡。
日人背约开兵端，攻我劣将占平壤。
平壤以后扰奉天，岫岩盖平各州县。
又夺旅顺及山东，荣城宁海劫杀空。
杀我男女十几万，淫虏抢烧事事惨。
……

五、维新改良

维新改良是清廷最后的自救。话说1895年，正是全国各地的举子赴京参加会试的一年。举子们考完试，等待放榜的一段日子里，忽然得知朝廷把台湾及辽东半岛割让给日本，而且还要赔款2亿两白银，没想到这等丧权辱国的《马关条约》居然成了事实。于是众多举子视国家之辱为自己之辱，激愤难耐。他们中的一些人，甚至觉得这是奸臣当道，误国误民。多次赴京赶考并且有强烈变法倡议的康有为，此时听到了《马关条约》的签订，更是斥责朝廷，言辞激烈。

康有为，广东海南人。据说他大约五岁的时候就能诵唐诗数百首，六岁时就开始学习“四书”，从小就有远大抱负。但不知为什么，20岁之前潜心学习经史儒学的他，却一直没有办法成功考取功名。等到大约在20岁出头时，他开始接触一些西方文化，31岁之前又多次参加顺天乡试，也都没有顺利考中秀才。在这个时期，他对比中西文化，借着在北京考试的机会上书光绪帝，请求变法救国，无奈总在科举第一关卡处落败，于是上书直言就成为了实现心中“抱负”即直接又简短的“通天”之路。熟悉历史的人都知道，这个时期康有为曾七次上书光绪皇帝，都没有成功。在旁人眼里，康有为不过是个连秀才都没考上的小小书生，想要谏言皇帝，实在是有点胆大包天。同时，屡次乡试名落孙山，让康有为心中非常沮丧。又一次失败后，他回到南方在广州设立了万木草堂讲学，招收了不少徒弟，既讲学术学问之道，也关心时事，点评天下大事。

之后康有为为了进入仕途，就只能捐了监生[①]获得秀才资格，后来参加会试，顺利成为了贡士，等到38岁（1895）再顺利参加了殿试，终于考得了“二甲第四十六名”的好成绩。恰恰是最后一次考试期间，遇上了为结束甲午战争而签订的《马关条约》事件。实际上，此时在京城刚赶考的士子们在听到李鸿章在日本已经签订《马关条约》，就对大清朝失望至极。康有为与弟子们则快速做出反应，没日没夜地思索着应该如何绕开慈禧太后，再给光绪皇帝谏言。大家就推举康有为作为请愿的首领上书光绪皇帝，起草写出了万言书，除了痛斥《马关条约》之外，还提出了不少积极的治国强国变法主张。之后，康梁就拉开了联合1300多名举子一起向朝廷请愿的“公车上书”运动的帷幕。

这件事情在京城影响巨大，同时也震动了全国。不过光绪帝依旧没有看到第二次上书，此时《马关条约》已成定局，而众多应考的举人多是为了求官而来，既然大局已定，也纷纷散去了。众举子散去后，康有为又以个人的名义上书光绪皇帝，第三次上书终于到了光绪皇帝的手中。不过清

① 监生是国子监学生的简称，按规定，只有贡生或荫生才有资格入监读书。康有为捐的是荫生。

廷的各位主事者，对此事反应各不相同。

慈禧太后知道此事后大为震怒，觉得这简直是对她权威的挑战，小小书生，居然敢公开批评朝廷及其大臣，真是胆大包天、违逆越级。

光绪皇帝则是认认真真阅读了万言书，里面讲到清廷的屈辱之处，变法之迫切，字字珠玑震动着帝王的心。于是他连夜召来翁同龢，共同商议应对的办法。无奈，光绪帝尽管17岁就亲政，却一直在慈禧的掌控之下，这时候就算自己想要有所作为，做一个天下认可的好皇帝，也没有办法与大权在握的慈禧抗衡，摆脱慈禧的全面控制。其中的纠葛与郁闷，也是没有实权的他这辈子最大的无奈。

万言书递上去了，尽管被朝廷束之高阁，但在民间却广为流传，康有为和梁启超的改良建议像火种一样，传遍神州大地。实际上，从1895年年初开始，康有为和梁启超就积极组织学会、创办报纸和开办学堂，培养一批能够壮大改良事业的骨干力量。同时，康有为、梁启超还积极组织了强学会，这个以“专为中国自强而立”的强学会成了维新改良派所创立的第一个政治团体，他们每十天组织一次集会活动，每次活动的主题都会从不同侧面来议论中国应当如何自强。强学会在1896年1月12日创办了《强学报》，以孔子纪年“托古以改今制”，倡导维新变法，提出开议院的政治主张。

当还在家中丁忧的张謇听到这些消息后，并没有像其他人那样激动万分，多年的经历告诉他，这一次的改良运动，是很难成功的。不是说中国缺少斗志昂扬的青年，不是说大家自强自立的决心不够坚定，而是中国的官场太过腐败，如果仅仅想要依托朝廷的力量自上而下改良，那么这条通往维新的美梦终将化为幻想，难以达到士子们心中的改革终点。

六、变法惨败

仅仅两年，几百家报刊、学会、学堂就像雨后春笋般建立起来，青年们忧国忧民，慷慨激昂地投入到各方改良谏言中去，接着报纸传媒纷纷刊发关于中国未来的发展方向内容的文章。康有为和梁启超亲自创办的强学会是其中影响最大的学会，并且还争取到了翁同龢与南洋大臣张之洞等的支持，有了一定的官方依靠。

1897年，德国强占胶州湾，光绪皇帝又一次感到国难迫在眉睫需要变法，于是在次年1月紧急招来康有为，询问变法的具体有效策略。康有为进宫面见皇帝，向光绪帝呈上《应诏统筹全局折》，恳请光绪皇帝效仿日本明治维新的做法，对国家进行全面改革。

光绪皇帝与翁同龢经过反复研究，决定变法，但又害怕慈禧太后不同意，因此一有机会就反复劝说慈禧。慈禧则认为，大清朝老祖宗几百年定下的老规矩，怎么能说改就改呢？于是一再坚持旧制，不愿改革。但是当慈禧不断看到清廷落后挨打，岂能一再铁石心肠、无动于衷？慈禧也曾与光绪皇帝说过："变法乃素志，同治初即纳曾国藩议，派子弟出洋留学，造船制械，以图富强也。"即是说，变法也曾是我的一种志向，在同治初期的时候朝廷就曾经采纳过曾国藩的建议，派出子弟出国留洋，学习造船制造机械等技术，目的就是为了国家的富强。"苟可致富强者，儿自为之，吾不内制也。"意思是，如果你说的这些办法，真的能够让大清富强起来的话，那你自己看着办，我也不再制约你。这段话，说明了慈禧原本也是有变法意愿，哪怕是垂帘听政，慈禧也是希望国家能够强大，能够不受外国欺辱的。只不过，慈禧作为一个经验丰富的政治家，也许意识到对于庞大的清廷来说，改革哪里是一时半会儿的事情，这个事情急不来，不能轻举妄动。让光绪皇帝去试一试，看看时局发展再说。

光绪皇帝看到慈禧不再反对变法，再加上各国列强虎视眈眈，也认为国家已经到了非改不可的地步，于是光绪开始真正着手变法了。

1898年6月11日，光绪皇帝颁布《明定国是》诏书，开始了清廷维新图强的变法之旅。紧接着光绪帝任命康有为为总理衙门章京，梁启超等人则协助其进行维新变法。这一次，晚清终于迎来了一次实实在在的自救。

然而，欲速则不达，光绪帝想在短暂的时间内把上千年的旧制立即改革，谈何容易！这里面有各种利益纷争，自己只有一腔热情，没有太多经验。更何况，日本维新花了二十年的时间，而一个光绪皇帝加一个冒进的康有为，想要在最短的时间内，一并改革，的确不是一件容易的事情。就康有为这个无名秀才想要一举登天向皇帝直接谏言，这就有些胆大包天。而光绪皇帝在位多日却无实际理政经验，想法简单，历练不够。这两人主导下的改革，注定就是一场失败之举，就算有翁同龢这样的老师指点一二，也是最终难以成事。

当然，这场改革在具体细节上还有很多失败的地方，例如策划密谋的失败、袁世凯的背叛、废科举阻断士子前途，这些具体事情实际上都反映了这个年轻皇帝的冲动和一介书生的不切实际的妄想。在这一点上，张謇显然要看得更远，他在远离帝都的乡下关心着京城的动态，不断与老师翁同龢沟通，但最终也没有卷入康有为的闹剧中来，因为他一早就看清楚了，康有为的这种改革变法，绝对行不通。因此，张謇对这次变法不抱任何同情。如果历史再重来一遍，还是光绪与康有为这样的君臣搭档，那么改革维新终究也是不会成功的。

七、变法平议

张謇时常思考着国家的前途和未来。在1877年他曾经写过《尧独忧之举舜而敷治焉》，在这篇文章中，他明确提到，要改良、要对社会进行变革，首先要看当朝者、领导者是否有忧患意识，其次要看对改革的计划和进程是否有筹备规划的意识。他说："吾谓人君一日不忧，则天下一日不治。人君一日不筹所以治，而徒皇皇焉廑其忧，天下亦终归不治。""忧之维何？望治而已。"

其实，康梁变法的那段时间，张謇甚是担忧，他当然也期待着变法可以真正成功。实际上，他与自己的老师翁同龢一起投身到强学会的筹办过程中，但最终变法还是失败，败就败在了康有为缺乏完备的改良规划。这篇文章同时还指出，在筹划的过程中，一定要任人唯贤，举贤良，脚踏实地地改革人才选拔制度才是最为重要的关键所在。就如同历史上，尧找到了舜，"举舜而敷治焉"，舜就是当时非常具有忧患意识和筹划意识的接班人。这是张謇对于改良、改革能否成功的预判，仅用这两点来衡量，毫无疑问，慈禧忧患不够，光绪用人不当，这是导致清廷没有办法获得改革成功的原因。

维新变法失败之后，张謇更是再也不愿意踏入朝廷。他退居乡村，写过一本《变法平议》，主张不流血、不纷争，循序渐进地在一定范围之内慢慢变革。这本书出版之后，虽然朝廷上下都很重视，但依旧没有办法感动掌权派，最终也没有任何实际行动，张謇的改革变法期望不过成了纸面空谈。既然对朝廷不能再抱希望，那么还是回到自己的家乡，治理乡务，从眼前的民生做起，这也算是对得起天地良心了。之后的几年里，张謇陆续创办企业，兴办教育，列举如下：

光绪二十二年（1896），张謇应安徽巡抚沈秉成之聘兼任安庆经古书院院长。与两江总督刘坤一商议筹划兴建通州纱厂。

光绪二十三年（1897），掌文正书院。定《厂约》。

光绪二十四年（1898），独子张孝若出生。仍掌文正书院。为刘坤一拟《开垦海门荒滩奏略》。农历四月为翁同龢拟《大学堂办法》，任江苏商务局总理。

光绪二十五年（1899），任学部咨议。四月，大生纱厂开车纺纱。

光绪二十六年（1900），仍掌文正书院。

光绪二十七年（1901），建立通海垦牧公司。

光绪二十八年（1902），议建广生油厂。筹建通州师范。

1903年春，张謇受到日本的邀请，到日本参加劝业博览会，他借助这次契机，主动规划了一次非常全面而完善的考察活动，开始脚踏实地向日本取经，考察日本明治维新所取得的真正成功经验。恰恰是这次赴日经历，让张謇回国之后开垦了一片试验田，建造了自救、自强的中国模范之城，这座城市登上了当时的世界地图，享誉海外。只不过很多国内官僚并不知晓、并不在意罢了。

八、他山之石

甲午中日战争失败之后，日本的成功经验成为清廷关注的对象。特别是清廷开始实施“新政”之后，东游日本成了一种社会风尚。1902年，张謇得知吴汝纶从日本访问归国，就亲自到上海拜访了这位朋友，询问了日本之行的具体情况与收获，同时还阅读了吴汝纶的《东游丛录》。第二年，也就是1903年，张謇通过日本驻江宁领事徐乃昌的邀请，得到一次去日本参加第五次国内劝业博览会的机会。张謇决心借此机会，全面考察日本的社会情况，他将自己的实业救国的理想一并纳入到了考察范围之内。

其实，日本是一个十分善于学习的民族，明治维新取得的成功让当时的大清举国上下刮目相看。向强者学习一直是日本改革图新的最大动机。唐朝时，中国是世界上最强大的国家，日本派出了无数的遣唐使，全面学习大唐的政治、经济、文化、教育、建筑等。到了工业革命之后，日本敏锐地看到，世界的强国已经在欧洲崛起并获得了飞速发展，因此他们立刻就派出了岩仓使节团到西方世界去考察。使节团到了当时经济实力最强大的英国，看到了一番工业繁荣的景象。“所到之处，黑烟冲天，大小制作所不胜枚举”[①]，由此，日本参透了英国等西方国家之所以富强的原因。于是明治政府领导人大久保利通明确提出日本维新的方向必须工业化，只有工业化才能够使得国家富强，只有民营化的工业才适合日本的发展方向，

① 《大久保利通文书》卷二二，第448页。转引自姚传德：《中国近代化思潮（1840—1900）——以东亚现代化为视角》，合肥工业大学出版社，2011年，第37页。

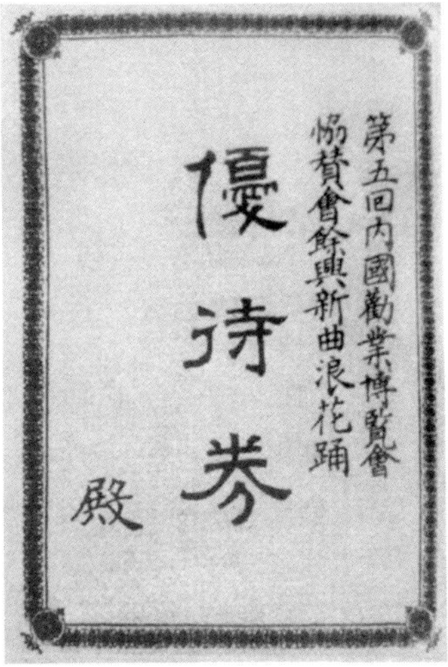

因为“大凡国家之强弱，系于人民之贫富；而人民之贫富，系于物产之多寡；物产之多寡，系于人民是否勉力于工业”[1]。政府的作用不过是“补民智所不及，助民力之不足，予之以贷款，予之以扶持”。

西学东渐，日本在学习欧洲经验之后，很快强大起来。而中日甲午战争，也的确让中国这个东方一直以来的强国意识到不可小看日本，它在迅速崛起，快速变得强大。早在1895年，已有部分学人赴日考察，就有人指出：日本，尤其重视工业，在通商方面都会广泛地设立劝工场，聚集民间所有的百货，按照优劣来区分等第，选出精品，这种做法就是模仿西洋的最好范例。国家对于选出的精品给予奖赏，然后给予专利。这样众多的工业产品就会相互比拼，制造工艺就越来越精细，销量和流转也会不断增多。张謇也认为中国应该多向日本学习，多去参加或举办博览会，促进工商实业的发展，增强税收，这样就可以达到“强国”的目的。

日本国内的劝业博览会始于明治十年（1877），举办目的是为了促进国内产业发展和对外输出。张謇参加的第五次劝业博览会在1903年3月1

① 《大久保利通文书》卷二二，第561—565页。转引自姚传德：《中国近代化思潮——以东亚现代化为视角》，合肥工业大学出版社，2011年，第37页。

日至7月底，地点是大阪。日本在这次博览会上专门设立了参考馆，希望各国提供展品，通过交流、对比国内外的生产技术，增加日本行业交流，促进实业的发展。劝业博览会会场的展品包括工业、美术、农业园艺、动物、水产、机械、林业、教育、通运等，是展品数最多、出展单位最多以及入场参观交流人数最多的一次博览会。张謇5月到日本，拿着优待券兑换入场券参观，先后六次访问了各个场馆。

在看到劝业博览会当中的中国参展品时，张謇认为中国所选送的展品还不足以表现中国实业的实际水平，这应该是选送的环节有所偏颇。他在日记中写道："展品未能反映中国最精良的产品，例如通州、海门的棉花，吕四所产的盐等，足以和五洲产品相抗衡。"特别是在说到制盐方法时，张謇就非常希望能够更多地了解日本、美国的做法。于是他深入到制盐场或寻访工匠，积极学习先进的制作工艺，的确是抱着考察学习的态度来参加会展的。

看到博览会当中的光电应用、电器光学技术等给张謇留下了非常深刻的印象，那些奇特魔术般的效果让参观这个馆的人们直呼"不可思议"，不过张謇却觉得现象效果不可思议，实则里面却指明了电气光学的原理，因此这就是"有可思议"，怎么能叫"不可思议馆"呢。可见，张謇对于当时西方科技的接受度还是很高的，他也能很快理解凡事只要通晓其中的原理，就可以加以使用，造福一方。

这次考察并非休闲旅游，也不是随意逛逛，张謇把这次考察看成是抛弃大国傲慢，虚心学习日本明治维新成功经验的契机。他每天把自己的行程安排得很满，短短两个多月，竟然走访了二十多个大中小城市，考察了各级各类学校三十五所，并且考察了农工商企业三十个，有时候一天同时考察好几个机构。每次考察完后，他都会细心地写下日记心得，在学习经验的同时，也反思自己创办企业、兴办学校过程当中的得与失。可以说，张謇抓住这次学习机会，完全从自己正在从事的通州实业和教育出发，一路边看边学边思考，最终有了巨大收获。

后来张謇回国也效仿过此类劝业博览会，参与举办过不少展览会，的确也促进了工商业的发展。1910年，清廷还在南京举办了南洋劝业会，这算得上是清末规模最大的全国博览会了，张謇在这中间就做了实质性的组织工作。此后他还积极推进劝业研究会、中国实业研究会、全国农务联合会等机构的成立，积极促进中外实业家之间的交流。

张謇赴日考察，真不是走马观花，漫无目的，而是目的明确，直奔学习经验去的。此次他赴日行程里，依旧心系中国未来教育事业的方向。在接受日本接待时，他提出了要考察日本办教育的几点原则：不希望参观大型学校，而是想参观小的；不要看新出版的教科书，而要看那些正在使用的或是旧的；不希望看城里的学校，而是想多看看农村的；不想了解办学经验周全的，而是了解正遇到诸多问题的；办学经费不想看政府给予优待补助的，而是想了解地方上的人民如何自主办学。这“五看五不看”独有洞见，十分特别，着实体现了张謇脚踏实地的实践作风。立足于现实问题、现实困境，关注日本在办教育过程当中所遇到的问题，以此进行经验总结。这等思路和学习态度，值得我们今天任何一个考察团学习。

此次日本考察，张謇看到日本从一个落后贫困的国家，通过三四十年明治维新改革，一跃而成为世界先进国家，这种触动让张謇痛彻心扉地感到：中国如果要快速摆脱困境，从落后的局势当中重新恢复大国雄风，那么效仿日本的各种改革做法，势在必行。在日本的考察结束后，张謇得到了这番收获："就所知者评其次第，则教育第一，工第二，兵第三，农第四，商最下。此皆合政学业程度言之。政者，君相之事。学者，士大夫之事。业者，农工商之事。政虚而业实，政因而业果，学兼虚实为用，而通因果为权。"

九、家国之思

在日本考察期间，张謇就说过自己早已成熟的家、国、族一体的观念，即古人所说的"格物、致知、诚意、正心、修身、齐家、治国、平天下"。国、家、族之间的关系也在这一年他第四次修《族谱》的时候，被详细论述。

在《张氏四修族谱序》中，张謇一开始就指出了国、家、族三者之间的关系，曰："国与家相消息而维系者也，国积民，家积族。民不竞不智，不智故日安于惰而流于弱，弱故外侮得而乘之；族不竞不才，不才故日离于独而澌于微，微故强宗得而藐之。是故善谋国者必智于民，善谋宗者必才其族，智之才之道，必使不惰而奋于勤，不独而萃于群。群生竞力，勤生竞心，而国乃存，而家乃兴。"这番理解，让张謇将自己个人的命运与家族、国家的发展紧密联系到了一起，因此，所谓世人眼中的为国家操劳、为民生操劳，也不过就是自己人生自始至终的追求了，没有特别的区分。

从一介农家出身的读书人成为当朝状元，这已经算是登上了那个时代的知识分子的期盼巅峰。但为什么张謇在得此殊荣之后，还要如此这般地劳心劳力呢？难道不能在发现仕途无望之后告老还乡，顶着状元之名高枕无忧？这就是中国知识分子与普通人不同的地方。

对于读书人来说，要想通过读圣贤书学有所成，进入仕途，那么自小就要接触源远流长的经典文化，阅读和学习经典之中的精神要义，做到修身、齐家、治国的高度统一。当然，到了宋、元、明、清，对于大众子女来说，开蒙才是入门槛的第一步。开蒙之后，进入蒙学，然后就是学习“四书”“五经”，直到他们把仁义道德烂熟于心，最终达到知行合一后，再由官府考察，选出优秀者进入仕途。当然，基层考试也是五花八门，最终谁才是朝廷中人，有时候与儒家“学而优则仕”的理想还会有一定的差距。张謇还是幸运的，他过关斩将，按照正规流程冲到了宝塔之顶，此时的他，作为众多知识分子中的佼佼者，不去服务官府，又服务于谁呢？

一个名叫梅因的西方学者曾在一本研究古代社会的书中分析了古代法律制度的变迁，对于一个社会是否进步，书中留下了一个判断的标准：“迄今为止，一切社会进步的运动，都是从身份到契约的运动。”这本书叫作《古代法》，而法律当中的“契约”活动，被他看作是现代社会的标志。从现代法律意义上讲，契约，又称协议、合同。契约是两人以上相互间在法律上具有约束力的协议。契约精神是西方文明社会的主流精神，“契约”一词源于拉丁文，在拉丁文中的原意为交易，其本质是一种契约自由的理念。所谓契约精神是指存在于商品经济社会，而由此派生的契约关系与内在的原则，是一种自由、平等、守信的精神。

有人认为中国古代社会落后，缺乏契约精神，其实我本人是很不赞同的。以张謇的经历为例子，一介书生，通过科举考试获得了功名利禄，这过程本身就是独立的契约，以试卷的形式和内容以及考官的评分为依据，获得功名以及社会相应的待遇，这本身就是构筑中国古代社会稳定的基本途径。科举涉及普遍民众之广泛，与民众之间达成契约的普及度之广泛，使得中国社会一直以来在一定程度上维持着良性的制度循环。在纯粹制度之外，实际上是一种契约精神。

顾炎武曾说："风声雨声读书声，声声入耳；家事国事天下事，事事关心。""天下兴亡，匹夫有责。"这便是知识分子主体意识方面的契约精神，不过，我们应该容易理解这样一个现实，那就是对于古代，这种具有主人翁精神的书生比比皆是，张謇也是其中最为典型的代表之一。

张謇的家国天下的责任心源于何处，很难说它一脉相承在世代家族的基因里，此时我们倒是更愿意说它承接于古人读书之要义当中，特别是《大学》所总结的三纲领、八条目，更是把读书人的学问之道引向了家国一体的精神世界，这"大学精神"变成了书生儒者的毕生追求。

张謇最终选择了他要服务的真正对象——天下百姓。

十、起草逊位诏

在变法之初，张謇与翁同龢是极力主张变法的，对于康梁的做法在精神上是支持的，可是他根据自己对朝廷的了解，认为变法终将会遭遇失败。因此与其说张謇在建立共和立宪国体上做过积极努力，不如说这只是他作为一介名士对于顽固不化的政府的一次探索性的对抗。这些行动、做法都是局限于20世纪初中国当下的时局，是当时的一种对未来的探索，更是对过去旧有政治的一次反抗。因此，清廷的覆灭，不是外部原因导致的，更多的瓦解来自它自身的落后。然而士子忠心，从明末开始就有忠于天下而非帝王的一派学说，忧国忧民，“天下为公而君为客”的民主思想张謇不会不知道，心系国家前途的发展、考虑民众现实的生活水平，是士大夫最为真切的“仕途”。就此而言，在时局下起草《清帝逊位诏书》并不能说是不“忠君”的体现，或者说表面上没有真正的“忠君”，忠于国家前途的发展，忠于民生疾苦所能改善的未来，从这一点来理解张謇，就能看到他一生前后思想的一致性。

也许很多政治家，会从政治派别的角度来分析这份诏书，从两千多年的帝王统治来分析诏书背后的利益分割，然而对于张謇来说，“共和立宪”是他对于国家未来发展的一种愿望，至少“共和”是人民的“共和”，彼此公议天下大事，谋求国家发展，而“立宪”则是直接对抗“帝制”的最好出路。

1911年10月，革命党人在武昌发动了起义，当时张謇正好应邀在汉口筹划创办大维纱厂，他是真正亲身经历了辛亥革命，看到革命力量汹涌澎湃，并认为清廷的确已经无可救药。在这样的时局下，建立这样一种独立于各派的宪法，显然在当时能够安抚和平衡各方力量，使得清廷在和平的状况下结束政权的交接，避免了各派卷入战争而带来更多的社会动乱，避免出现更多的不可预见的武力事件和流血牺牲，仅仅从这一点而言，于国于民来说，是政治权力更迭的一大进步。

张謇没有张扬这件事情，他在日记中也没有记载此事，只是在诏书颁布后感叹过一句“此一节大局定矣，来日正难”。这句话，实际上仍旧是对未来的一种担忧，当时中国的前途真是难以预见，但无论未来要走哪一条路，帝制已经不再适合中国了。

此后，民国政府替代了清廷，而张謇也恰恰在这一年写了《革命论》，表述了自己对于中国革命之需的看法。文中提到，中国的革命在历史上早就存在，自（商）汤（周）武始就频繁出现，原因很简单，因为一代帝王如果不以天下为己任，而以一己之私享用天下，那么当民众的生活疾苦不堪时，革命自然就会爆发。因为“民苦不堪之命，而不得不革”，为了生计，民众的革命是不得已的选择，是审时度势的一种最后的办法。因此，但凡革命都是民众利益受到巨大损害不得已而为之的结果，同样的道理，辛亥革命的出现也因为这个原因。不过，对于革命的成果，能否在未来真正有利于民众？张謇自有一番论述，他认为，如果对于革命结果没有很好的预见，也许将来革命之人未必能够享受革命成果，也就是说，虽然推翻了帝制，但如果后续政府的组建没有很成熟的方案，那么将来的革命也很有可能没有结果。因为“使革人之命，而上无宽仁智勇文武神圣之君，下无明于礼乐兵农水火不虞之佐，则政教号令，旧已除而新无可布，布者复不足以当王泽而餍民望，其愈于不革者几何”。革命的人，只懂得推翻不合适的统治，却不会建设新的国家，这正是张謇对于国家前途的担忧。事实证明，这种担忧是十分正确的，因为没过几年，袁世凯复辟，军阀混战，中国陷入了一片混乱，民众的生活并没有因为推翻帝制而得到改善。其实张謇写《革命论》，就是希望革命胜利之后走上“圣贤之革命”的正道，既然无法期待新政府，张謇索性回到南通，用一己之力，探寻一种新的社会发展模式，带南通人民摆脱贫困。这是张謇限于时代的最大努力，在今天看来，作为地方自治的模范，自然是成功的，因为当时的南通可以说是举世瞩目的东方明珠；作为一国建设出路的探索，南通也是成功的范本，只是近代各派都在为权力而争夺，太少人去关心民众的疾苦了。

不过，还有另一条道路张謇未能看到，它也是从民生疾苦出发，正在民间不断酝酿，即将除旧布新，拯救中国，这就是后来造就了新中国的那条人民共和的道路。

张謇一生心系众生，为了天地大德之事，开始操劳后半生。他熟读经书、心系国运，纵观历史对国家前途写过很多文章，留下诸多论述；而且他用了自己全部的力气经营实业，使得《周易》当中的“大生”理念被提炼升华，被践行落实，正是这样的天地大德让这位晚清儒士身体力行、切切实实地做了一番让众人钦佩的救国事业。

第二节　回乡创业

在西周时期，平民一般被划分为士、农、工、商，其中士是指具有较高知识文化水平的知识分子，农是指农业社会的中坚力量农民，工是指城市当中的手工业劳动者和从事制造业的工匠，商则是促进社会当中商品交换、物资流动的商人。这四类人群各司其职，维护着整个社会的运转，正如《管子·小匡》所言："士农工商四民者，国之石（柱石）民也。"四民当中，士作为社会文化的引领者，位居四民之首。士，就是指读书人，读书读得好就可以"学而优则仕"，去朝廷当官，属于脑力劳动者。农，就是农民，主要从事农业生产劳动，是整个农耕社会物质主要的提供者。工，是指那些从事手工业的工匠们，手工业从业者。商，则是社会物资流动的主要推动者，他们以物品交换时的差价来获得利润，在古代社会常被别人看不起，地位不是很高。

张謇的祖父张朝彦，一生务农，虽然少时也读过十年书，但是随后家境的败落让他不认为读书能够成就一番事业、改变家族命运。到了张謇父亲张彭年，年少时因为自己喜欢读书，在教书先生的争取之下获得了半耕半读的机会，但并没有考取任何功名，反倒是因为怀念曾经读书的经历，此后痴迷书本。当然，懂得了书中所说的仁义道德，父亲也能够在乡村里说上公道话，调解乡里矛盾。等到张謇一代，张彭年几乎倾尽全家财力，从小供张謇及其兄弟读书，一心想要将张謇培养成才，以至于自己76岁时还期待着儿子能够金榜题名。

张謇从小就饱读诗书，自然对于古代社会的运作有一番自己的理解，并且因为母亲的祖上也是经商出身，所以张謇身上就少了很多“读书郎”自命不凡、鄙视商人的作风。

一、创业构想

张謇曾认为：“商无士行者，驵（zǎng）侩数也。士不治生者，世大蠹（dù）也。”就是说，商人如果不以儒士的行为准则来行事，那么也不过就是那种买卖商品（如壮马）的营利之徒罢了。读书人如果不去管理和安定民众的生计，那也不过是社会的蛀虫罢了。在这样的认识下，张謇以儒士之道、商人之法展开实业，最终是为了做一个能够救治民生，实现天地大德的真儒士。

在张謇的儒士救国之中，他借助自己熟读的经书，在短短数年之间，将南通治理得井井有条，也让南通成为中国近代少有的具有蓬勃朝气的城市之一。

在张謇的创业构想当中，应该首先发展农业，因为农业是生计的根本。在农业的基础上，农工商之间存在着紧密的关系，特别是进入近代化的社会，例如英国、日本，只有将三者紧密地整合成一个协作的整体，通过不同产业之间的循环互惠，才能最终实现农工商齐头并进的产业共赢，实现整体的持续发展。张謇说："立国之本在乎工与农，而农为尤要，农不生则工无所作，工不作则商无所鬻。"他在成功创办纱厂之后又说：因为念及纱厂的工、商之事，因此就要去考虑兼顾农业生产，只有这本末两端能够很好地协同联通，才能保证整个运作体系的完备。因此他在深思熟虑之后，毅然决然担起了垦牧的重任，建设了诸多垦牧公司来种植棉花，然后用以支持棉纱厂的运转。

结合南通本地的情况，张謇认为应当让民众先去种植棉花，之后再开始纺织业的发展，然后建立一个围绕轻工业而展开的商业经营圈。最后将获得的钱财辐射教育、慈善等，提高人们的思想觉悟，这才是有步骤、有计划、能看到希望的一条自强不息的实业救国之路。

在理解了张謇的创业构想之后，我们还应该回到当时的社会现实，来看一看当时社会结构的特点，从而理解张謇在实际操作过程中遭遇的种种困难。

张謇曾说："政者君相之事；学者士大夫之事；业者农工商之事。政虚而业实，政因而业果。学兼虚实为用，而通因果为权。士大夫生于民间，而不远于君相，然则消息其间，非士大夫之责而谁责哉？孔子言：以不教民战，是为弃之。夫不教之民，宁止不可用为兵而已。为农、为工、为商，殆无一可者。然则图存救亡，舍教育无由。而非广兴实业，何所取资以为挹注，是尤士大夫所当兢兢者矣。”[1]

这段话，非常详细地论述了张謇对于古代社会士、农、工、商的认识。在张謇看来，“中国振兴实业，其责任须在士大夫”。

二、农工商结合

张謇是田舍郎出身，务农对他来说是一件很自然的事情，并且他在乡里帮助父亲处理乡务时，对于农业情况较为熟悉。回乡种棉花、办纱厂，前者自是不必说，后则虽然没办过，但在友人张之洞的鼓励下，实实在在办了起来，不仅办起来了，还办得有声有色。

当初张之洞邀约张謇作幕僚时，张謇婉言谢绝了。随着张謇对张之洞洋务主张的深入了解，他对张之洞也是颇为赞赏和钦佩的。时隔多年，再次相遇，在交流了实业救国的想法之后，彼此都有知己的感觉。正是在这个时候，两人共同商议了实业大事，共同讨论了很多救国自强的方案，这些内容包括练兵、治海军、造铁路、分设枪炮场、开学堂等，每一条都是希望能够立竿见影地增强国力。紧接着，张之洞委托张謇操办南通海门一带的商务，尽快将纱厂办起来。实际上，张謇原本并不愿意接手纱厂的事情，反复思考之后，感到对中国而言，解决贫困必须依靠实业，因而得出了“中国须振兴实业，其责任须士大夫”的结论，最终投身于实业救国的道路。张謇的这次“转行”，也是经历了一番思想斗争的。国家万般艰难之时，他又是扬名天下的一甲状元，在朝廷内无法施展才华，如他当时所

① 章开沅：《张謇传》，北京：中华工商联合出版社，2000年，第170页。

说："假如我到北京做官，当然一事无成。"于是只能转投他路，哪怕是遭遇"舍身喂虎"的境地，也要干出一番与状元之名相符的事业。

在这里，这位士大夫的人生选择，的确令人刮目相看。在那样的社会，一个读书人的人生一般有两件大事，第一件大事是科举，第二件大事是做官。科考通常在年轻时完成，科举之后，就要开辟做官之路了。张謇一路如登宝塔一样从秀才考到贡生再到状元，第一件大事，已经圆满，可是到达科考顶峰之后，他却没有做第二件大事——做官，而转向了经商，这在常人看来是不可思议的。不过，一切的抉择都源于，假如张謇的思想得到当局的认可，也许张謇就能在官场上有所作为，毕竟当初想要辅佐吴长庆的时候，自己的理想是要做像曾国藩那样的一代名臣，怎奈自己在官场上走了一遭，看到一些官员的颓废作风和朝廷腐败的政治，觉得自己的确不能在官场上有所作为，于是在张之洞的建议下，进入到了另一个路途。实际上，当时张謇面对张之洞的委派也有些忐忑，他曾回忆说：我自认为自己是一介贫寒之士，最初没敢答应。后来又想到，如今的读书人被世人轻视也不是一时了，原因就在于书生喜好说空话，说负气话，因此世上轻视书生，而书生反过来轻视世人。如今想寻求国家强盛，按理应当从教育着手，还要先培养出能办教育的适当人才。可当局对办教育的态度晦涩，显然不足与谋，而有资产者又背离阻隔不能合作。但要办此事既不能与政府隔膜离远，又不得不与资产者共相谋划，因此只能把责任揽在自己身上。犹豫了多天之后，张謇才答应张之洞要求创办通州实业，从仕途走向了商道。

这个商道，在旁人看来也许是状元走出的新路，实际上这条路自己曾经也接触过，有所了解。于是，由儒转商。从社会地位最高的儒士，转而成为传统社会地位最为低下的商人，我想，这是一个多难的选择，但如果有人能够把这件事情做好，不借商谋私利，反借商而谋公利，那对于穷困一方的民众而言，少一个状元多一个绅商，未必不是一件好事。从此，南通迎来了一位能够让民众过上好日子的绅商，这恰恰是张氏家族近三代所总结出来的农商自立的完美经验。

三、筹办纱厂

张之洞让张謇将通州的轻工业创办起来，第一个项目就是兴建纱厂。张謇从小在海门长大，对家乡的社会情况、经济状况十分熟悉，加上协助父亲处理乡务十年，对于家乡的地理特点、产业结构、社会风气、民众特点都了如指掌。

加上新科状元的荣誉、翰林院修撰的身份和之前接受两江总督张之洞操办团练重任的历练，张謇获得了乡民的信任，这为此后一系列事务的开展打下了良好的基础。

“天地之大德曰生”，这是《周易》里的一句话，张謇摘取这句话当中的两个字用作自己创办第一个纱厂的名称，也是用心良苦。他时刻将“大生”作为自己事业的宗旨：对没有饭吃的人，让他有饭吃；让生活困苦的人，生活水平不断提高，这才是儒仕的本分。“大生”这两个最触动张謇心弦的字，成了张謇的处事信条，再说得明白一些，张謇理解的儒者所追求的一切仕途、功名及学问，最终的目的就是要惠及老百姓的生活水平，如果人人都能够过上有保障的生活，解决了生存问题，那么这便是天地之间最大的德行了。1897年，张謇为大生纱厂题了四副对联，每一副对联都说到了大生纱厂办厂目的以及自己为商的原则：

秋豪太山，因所大而大；乐工兴事，厚其生谓生。

大利不言，生财有道。

恤纬忧周室，忘机愧汉阴。

通商惠工，江海之大；长财饬力，土地所生。

张謇在为大生纱厂公事厅题词时写道：“为大众利益事，去一切瞋恨心。”可见，状元营商，真的不是为私利，所有出发点只是为了大众，为公利。

张謇分析了江南和江北的地理和农业特点，认为江南盛产蚕丝，可以办纱厂，江北盛产棉花，棉布是老百姓日常穿衣做被的必需品，所以办纺织厂是最好的选择。如果江北的棉花用不完，可以在江南、江北再各办一个纺织厂。在与张之洞商议之后，江北通州（清末对南通市通州区的称呼）的纱厂就由张謇来负责。办厂的想法容易出，但是办厂的资金却不容易筹集。此时，张謇问张之洞，这厂子到底属于官办还是商办？张之洞坦言自己是拿不出公款支持的，于是只能让张謇出面张罗。1896年，张謇只能以两江总督张之洞委派“总理通海一带商务”的名义，开始在南通筹划创办纱厂。

四、股份制公司

张謇的商务之道，得从开办公司的运营机制讲起。公司采用股份制是张謇在现有经验基础之上，寻找到的改革之路，是创办大生纱厂的一剂良方，也是此后建立各种公司的宝贵经验。其实，这些经验并不是张謇提出来的，是洋务运动之后普遍采用的做法，张謇只是将其用得彻底，下狠心改革了旧制，从而一改以往的做法，避免了可能存在的隐患，调动了地方民众的积极性。

筹办大生纱厂时，张謇的经营能力还不为世人所知，更没有得到社会认同，因此他向大家招股集资时尚缺乏一定的号召力，1907年在股东第一次常会中他回忆筹办大生纱厂的经历时所言："正厂初办，下走无状，不能得世界之信用。""既不能昭布信义、集累亿之赀，又不能速取捷效、执谗谤之口，独立拄，呼助无人。"况且，张謇在大生纱厂的全部股份当中只入了2000两白银的股份，其中700两还是别人借给他的。也就是说，在面向社会招股集资筹办大生纱厂时，"资信"度非常低，但他为什么又能获得资金风投呢？不得不说，状元的名号是最好的信用保障。

集股筹资的事务的确忙坏了这个状元郎。到1897年，张謇从张之洞那里接收了江苏商务局搁置在上海的进口英国纺纱机，机器折价筹到约25万两白银；又另外募集到商股约25万两白银，最终以官商合办的方式将这个纱厂办了起来，最终的协议是官方因为人力有限，不派员参与工厂的具体事务。这样，厂子总算办起来了。这是张謇第一次独立办厂，一介书生，其中艰难只有自己最为清楚，不过好在顶着状元公的头衔，到各处筹款、办事的时候，还是能赢得几分信任。

张謇想用"商办"的形式，联合几个富商共同建立董事会筹集资金。状元之名的信用一开始还是得到了不少官吏和商家的支持，但是等到真要落实资金的时候，有些原先答应要投资的人却又开始对这种投资办厂的“新模式”持观望态度。一来二去，在大家犹豫之时，张謇对大家说：“我是个穷书生，虽然家里有几亩薄田，但兄弟我也没有多少钱财。不过我倒是在金陵文正书院掌教，每月又有百金的薪俸，我都拿出来，作为纱厂每月的活动经费。”这样诚恳无私的表态，当时就打动了不少认股的商家，于是商办的部分资金就算有了着落。

正所谓万事开头难，只有等到纱厂运转和有盈利之后，才能改变人们对于书生办公司的担忧。资金差不多到位，接下来就是派人到国外购买纺织机器，然后选址把厂房建起来，缺口资金只能再去找张之洞想办法。

一路走来，磕磕碰碰，事情并不顺利。正当张謇还在为大生纱厂集股筹资时，北京又催着张謇复职销假。翰林院的掌院来电，让张謇又一次陷入了痛苦的抉择，到底是北上继续享受高官厚禄，还是创办纱厂？想到京城官僚的无所作为，又看到现在眼前事业虽艰难但还是可以实实在在地为民做点好事，张謇最后决定留在通州，为百姓做点实事。

等到1899年，通州纱厂的厂房总

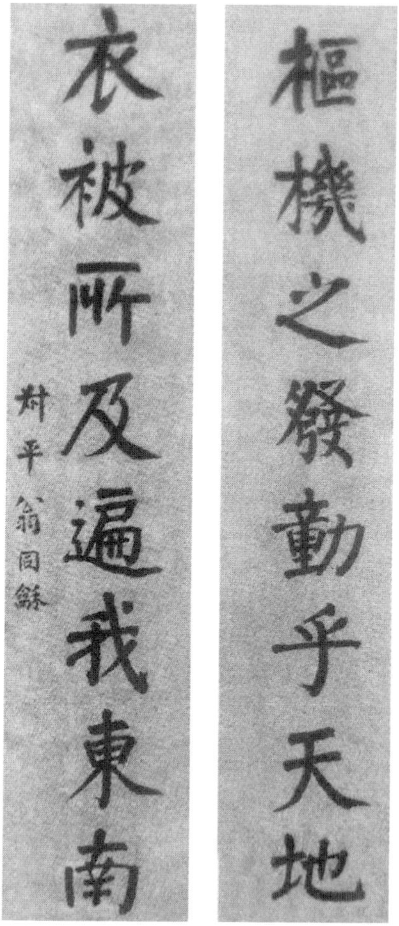

算建好了，纺织机器也安装到位，4月，纱厂终于生产出了第一批纱的时候，张謇喜极而泣，由衷感慨这几年的努力没有白费。张謇的这番努力，得到了老师和周围朋友的赞赏和鼓励，例如恩师翁同龢，虽然已经年迈，得知大生纱厂顺利开工后，欣喜之余写了一副对联，赠予张謇，以示对他的支持，在对联里写道："枢机之发动乎天地，衣被所及遍我东南。"字字可见翁同龢所给予的厚望以及对未来纱厂事业的美好祝福。

五、约法三章

为了让纱厂走上正常的管理轨道，张謇与众人一同商议拟定厂约。这是张謇治理工厂的第一步，有了规章制度才好执行操作，干劲十足，乱了秩序和章法，那也是得不偿失。这个厂约一开篇，就指明了办厂的主旨："通州之设纱厂，为通州民生计，亦即为中国利源计。"张謇经商的目的，为民生，为救国。这就是一代儒商的出发点，无论在商场上怎样努力，最终忘不了的还是黎民百姓、天下国家。

厂约另有其他十几条规定，细数了纱厂各部门负责人的权责、利润分配办法、奖惩措施以及员工的工资福利、伙食标准等，十分周详，在政策设计上能够最大限度地保障纱厂的正常运营。如此这般事无巨细，其实也多源于张謇早年和父亲在家乡为民办事时所遇到的各种纷争，在此都用合约形式一并解决，避免了事后争权夺利或玩忽职守等隐患。纱厂生产的棉纱色白、质量好，很受市场的欢迎，因此销售顺利，一下子就把之前的债务解决了，还盈利不少，同时也与当地的花布商、木商、典当行及其他各类商人保持良好的合作经营关系。企业从共同利益出发，用良好的信誉同担风险，大生纱厂为张謇创业开辟出了一片明媚的天地，也实现了他当初“大生”的意愿。此后，又扩建了几个纱厂，纱厂事业蒸蒸日上。

六、垦牧开荒

1900年左右，借着大生纱厂的盈利，张謇开始考虑开垦荒滩。他看到通海一带的海滩荒废无用，就想着开垦海滩作为纱厂的棉花基地。1901年，通海垦牧公司正式成立，依旧按照股份集资的方式来组建运营。用大生纱厂赚来的钱，创建中国第一个农业公司，张謇的事业又回到了农务上来。

实际上，张謇希望这个垦牧农场能够成为大生纱厂的原料基地，对九堆通州、海门沿海的海滩荒涂进行围垦，通海垦牧公司希望能够坚持农业为本的传统，并改造传统农业，用农工商的思路来发展和运营，使其能够适应新形势，让农业焕发活力。

通海垦牧公司创办之初，张謇面对未垦之地竟然是“一片荒滩，弥亘极望，仰惟苍天白云，俯有海潮往来而已”，因此，需要极大的勇气和斗志来克服垦牧的困难。在此过程中，各种人事周旋以及阻挠让人感到阻力重重，有时候大自然不解风情也来凑热闹，真让张謇和他的同事们历尽千辛万苦。张謇这样描述建场的过程，真是“缕缕心血，贯以十年”，十年的时间，垦牧公司开始向人们展示建设的成果，原本的荒地此时竟然是一番新貌：“栖人有屋，待客有堂，储物有仓，种蔬有圃，佃有庐舍，商有途梁，若成一小世界矣。”

由张謇亲自操办的通海垦牧公司是中国历史上第一个以招股集资方式

成立的农业公司，它标志着张謇的实业活动从工业扩展到农业。垦牧公司开启运营之后，不仅解决了基本生计问题，同时获得了可观的收入，公司的收入后来主要用于河、堤、闸、路等规模性的垦区基础工程建设。相关粗略统计，10年间来自垦牧公司的收入共修大堤12739丈、石堤260丈、里堤21384丈、格堤8624丈、干渠21752丈、支渠8002丈、外河4572丈。除兴修水利改良土壤外，垦区还采用了较先进的技术辟田植棉，并重视棉花良种的推广。值得一提的是，1910年通海棉花在南洋劝业会农产品展销上获优等奖。

由于通海垦牧公司的存在，公司所在地也自然而然地形成了一个规模完备的市镇，镇上设有自治公所管理市镇行政事务，并设有学校、公园、运动场、警察所、公典、钱庄、商店等。可以说，垦牧农业带动了整个周边城镇的建设。

七、盐民生计

垦牧公司的成功，不但很好地解决了大生纱厂的原料问题，而且张謇还结合沿海滩涂的具体情况，开发了不少其他项目。

其实，早在少年时代，张謇就写过一些慨叹盐民疾苦生活的诗作：

近海地常湿，无山天更遥。

云从半空起，风竟六时嚣。

鱼蛤供餮贱，蒲盐奉税饶。

谁怜濒斥卤，生计日萧条。

因此，张謇在有了垦牧的收入之后，就开始投入早年所惦念的盐民生计项目。他开始对原来的制盐方法进行一定的改革，希望提高制盐效率，这些做法影响到了当时的盐政，的确改善了民生。

张謇创办盐业公司还有一个直接原因就是“救国先救贫”。他还希望盐业公司通过改革传统的煎盐方法，腾出沿海草滩来植棉，为棉纺工业提供原料，这样制盐工业与棉纺业能够联通互动起来。

1903年，张謇在通州吕四创办了同仁泰盐业公司。公司成立之后，他就积极学习国内外的制盐经验，进行了多种生产方法的试验与对比，日本制盐法就是张謇赴日考察时学来的。渐渐地，通过大家的不懈努力，公司生产的精制盐在国际市场上广受好评，在意大利博览会上，各国都对这种精盐褒奖万分，可谓色味俱佳，并获得最优等奖牌。同仁泰盐业公司生产的盐后来又参加了1910年的南洋劝业会比赛，再获优等奖。1914年参加了美国旧金山的博览会，又夺得特等奖。这在当时，都是中国工业的骄傲。

八、海防渔政

去日本考察回来，归国途中张謇写过几首感怀的诗篇，其中有一首叫作《一人》：

一人有一心，
一家有一主。
东家暴富贵，
西家旧门户。
东家负债广田原，
西家倾家寿歌舞。

一家嗃嗃一嘻嘻，

一龙而鱼一鼠虎。

空中但见白日俄，

海水掀天作风雨。

此次日本之行，除了学到丰富的各类社会治理和发展的经验之外，张謇也迫切地感到渔业和海防对于一个国家领海的重要性。他当时参观日本博览会的时候，看到渔业和航政发达的地方，才是国家主权真正所能落实的地方，于是渔业和航政的活动范围就成为宣示主权的事实凭据。很快，回国的第二个月，张謇就在吕四沿海一带创建了一家渔业公司。公司虽小，但是渔民们、渔商们在渔业公司的组织下，改良了渔具，团结了人心，小小公司，迈出了中国近现代渔业的艰难一步。

不久之后，张謇又找到江苏巡抚和上海的主事官员，商议创办国家渔业公司，主要是表明对于国家领海主权的积极态度。这个事情虽然初衷甚好，也有远见，但是因为无法像办纺织业那样募集到私人商款，处处受到官方保守势力的阻滞，最后也就办了一所渔政管理方面的学校，培养了一些人才而已。不过培养出来的学生也都成了中国海军和航运商业的骨干人才，也算是发挥了一些作用。

九、“大生”各业

张謇看到，机器制造业不太容易快速获得利润，因此他就想通过民用冶业的利润来支持机器制造业的发展。1905年，张謇在南通创办了资生铁冶厂，这是苏北地区第一家冶金厂，主要产品为铸造铁锅。

除此之外，围绕“大生”理念，张謇又开办了一系列其他的轻工业公司。例如广生油厂是利用大生纱厂轧花脚料棉籽来制油；大隆皂厂是利用广生的废料来制造肥皂和蜡烛；大兴面厂利用纱厂的剩余动力来磨粉，供纱厂工人食用或是浆纱；资生铁厂最初是专门为大生纱厂修配机器设备的；等等。这些公司都围绕着大生纱厂如雨后春笋般开了起来，它们相互依存，相互共生，最大限度地利用废料或者节约劳力，高效率地发展出一个链式的轻工业圈。张謇俨然用“大生”的理念在通州打造了一个初级规模的工业生态商圈，将农工商很好地融合在一起。这般尝试，对于私人而言已经是非常成功的庞大事业，如果后继能有更多的政府支持，这番事业更能造福地方。

当张謇有了雄厚的力量和资源之后，他又想起了孙云锦当年邀约自己去治水，但最后方案因为种种原因而没有获准推行的那段历史。这个时候，治水也开始成为张謇的又一项社会责任。由于张謇所操劳的事业太多，在此就不一一赘述了。

张謇几番事业，每次涉及政务时，都会遭遇清廷旧制的多番阻挠，这些事业成为张謇最后的遗憾。实际上张謇通过多年对民生的了解，加上与朝廷官员以及外国打过不少交道的经验来看，对于乱世国局应当何去何从心中已经明了，无奈没人能够采纳他的谏言。无论是水利工程还是渔业海防，但凡要用到朝廷力量的地方，实际上张謇都无法很好地施展自己的才华。也许正是因为他太过耿直，太注重改革民生，而忽视了与官方的种种周旋。这，也许就是一个伟大的人物为何时常会遭遇失败的原因。

十、仕途洞见

对于做官与否，张謇在经过社会历练之后逐渐形成了自己的看法。自从翰林院修撰辞官之后，张謇就没有真正的所谓仕途之心了，因为朝廷不是自己心目中的那个朝廷，掌权者也不是自己曾经想象的那样有胸怀天下的圣贤明君。因此，这一生，想要在仕途上成就一番如孔子所说的“仕”的事业，已经不再可能，如果说就此回乡做一个普通平民，那也不是张謇的作风。

没有了做官的奢望，却可以在民间成就一番自己理想的民间“仕”业，这与孔孟儒学的本质精神仍旧是一致的。因此，在官方那里，做一个对于未来自己所开创的实业有关的“官”，倒也是无妨，但这做官的动机可绝对不是为了做官而做官，为了升官发财而做官，张謇在此时是希望能够借“官”做事，服务大众。

此前，张謇的实业创业引人注目，各种公司如同雨后春笋，商务之道做得风生水起、有声有色，因此，但凡政府碰到和实业有关的事务，总想让张謇出面主事。例如清末组阁、民国南京政府和北京政府，在考虑部门主管的时候都曾找过张謇，希望他能够进入高层，而在内部会议或者国会投票时同意的票数也占绝大多数。然而，对张謇而言，衡量这做官与否的唯一标尺就是看这个职务能否有利推动地方实业的发展。张謇觉得，如果一个官员能够“在其位谋其政”就已经是具有很高的做官修养了，“在其位不谋其政”或是不务正业的“官”在当时也是很多的。综观那个时代的官场，就是权力斗争下的“谋仕途升迁”或“谋名利”，官场制度简直就是权力诱惑下的畸形制度，依赖这个畸形制度生活的人太多太多，反而牵一发而动全身。真正心里有老百姓、有国家人民的“官”是“大隐隐于朝”，绝对是朝中隐士，一般很难遇见。做个为民勤政的好官，这是张謇的理想，却一生未能实现，倒是脚踏实地做实业，立竿见影地改变了民计民生，改变了社会形态，改变了一个城市的发展，改变了外国人对于近代中国的看法。

对于做官，张謇有自己的一个逻辑，他曾经批评过一个年轻的总督，说：“一个人没有做过百姓，哪里会做官？没有做过小官，哪里会做大官？”所以，官啊，肯定不是读一读书考个功名就能当好的，而是要心系百姓，为国为民，积累丰富的实践经验，才能做好官。

晚年的时候，有人问张謇：“为什么不在政治上再做一番？”张謇回答：“我要去做东家，难有伙计；要做伙计，难有东家啊。”正如他的儿子张孝若回忆父亲时所感慨的那样：“像他对于国家建设的抱负政策，早生几十百年，在贤明君主的朝廷，可以做一个治世的能臣。如果迟生几十百年，在民主政治确建以后，他也可做一个成功的福国利民的政治家。”看来，从辅助君王或者在民主国家的仕途上，张謇真是生不逢时。

1924年，农历甲子年，刚好这年的正月初一又恰巧是立春，71岁的张謇借诗表达了一种希望国泰民安、和平的心情。

民国十三年甲子丙寅一日立春甲子历之始正月岁之始

立春时之始言天者以为有治平之望也志而俟之

献岁正开春，还丁甲子新。

起元歆万类，惟一统三辰。

纾难惭无术，吟诗觉有神。

农山回也远，环堵宪能贫。

诗的开头抒发了新年新气象，新春甲子的大好心情。之后，说到面对如今世事动荡，自己很惭愧没有办法找到解决之道，不过在读了一些诗之后，觉得有了一些精神。

这诗里面，有两个典故，能够让自己看到未来的希望。“农山回也远”，这里面用了“农山言志”的典故，是说孔子曾经北游农山时，询问过三位弟子的人生志向。子路喜欢动武，因此希望将来用勇猛的武力战胜敌人；子贡擅长辩论，将来若两军对垒，自己能靠三寸不烂之舌进行游说，平息干戈，这是一件了不起的事情；而颜回则表示，希望自己能够辅佐圣王推行德政，用礼乐来帮助君王治理国家，从而平息战争，安抚民众。听完三个人的志向，孔子认为只有颜回和自己的想法是一致的，只有颜回才真正得到了自己的真传。

在这里，张謇用作典故写了这首小诗，我们可以看到，实际上他在委婉地表达自己一生的理想，即认为自己和孔子、颜回一样，所做的所有事情，都是为了能够让一方太平，让民众过上安稳宁息的生活；心系民生，是此生的抱负，这是71岁张謇的内心独白。

“环堵宪能贫”这一句，用了“原宪甘贫”的典故。孔子有一个弟子，叫原宪，一次他穿着破衣服去见同学子贡。子贡是一个有钱人，看到原宪穿得破破烂烂就羞辱他说：“你是不是生病了？”原宪没有生气，而是坦然回答：“我听说没有财富的人叫作贫困，有学问但不学以致用那才叫作生病。我穿得破只是贫困，不是病！”这个典故用在此时，仍然让人感到了张謇心系国家前途命运的厚重责任感。是啊，那个时候的中国，被外国称为东亚病夫，中国没有病，不过是暂时贫困而已。那些不懂得这个道理的国家，欺辱贫困的中国，那才真正是患了重病。

诗中这两个典故，虽然都是点到为止，特别委婉，特别含蓄，但我们细细品味，也能看出张謇至真至纯的心，看到了他对于中国未来能够脱贫致富所寄寓的厚望，其中滋味，诉者自知。

第三节　教育和慈善

张謇是个读书人，可以说他对教育事业一直抱有极大的热情。

作为一介儒士，正所谓“天下兴亡，匹夫有责”，张謇想要做能够担起“天下兴亡”重任的绅士。但如何担起这副重任呢？还得依靠“父教育，母实业”。张謇后半生的事业就是遵循这样的思路开展的：从办纱厂入手，以垦牧土地生计为保障，然后农商自立，进一步发展纺织、制盐及其轻工业，然后扩展到海防团练、渔业航政等保卫国家领土安全的事业上，再则把全部的精力投入教育和慈善上，之前所有的实业都是为了增强国家的实力，类似强国保种，只有实业办好之后，教育才是真正改变国民的思想、点燃国民觉醒的智慧之光。

一、教育规划

张謇以自己多年读书的经验，认为还应当“以生计为先”，这也成为他主推实业教育的原动力。对于如何办实业教育，他有过“父实业，母教育”的主张，希望培育人才的学校能够跟实业相互合作，达到“学必期于用，用必适于地”的目的，如果能够到达“学问兼理论与阅历”的状态，那么这种实业教育就算是成功了。

除此之外，张謇还提出实业教育应当“首重道德，次则学术”，注重人格素质培育。实业教育的内容要以职业技术训练为核心，课程设置要适合地方经济发展的需要，要符合国际教育发展的趋势。就这一点来看，张謇办教育具有积极开放的国际眼光。

毫无疑问，作为一个自始至终的老书生，张謇免不了理想主义的书生气，办教育，办他心中理想的教育是他最想做的事情。

用实业所得来办教育，张謇丝毫也不吝啬。之前张謇有过多年的书院工作经历，办教育轻车熟路。如有富余的钱财，他就会投入到慈善救济上，这是张謇一生全部生活实践的逻辑。慈善救济，对张謇而言，要比办公司简单容易多了。

翻开张謇的日记，20岁以前，日记里出现最多的就是习字、练字、写字、写诗等记录。15岁考取生员之后所经历的二十多次科考，让他深深感到中国科考教育弊病丛生。他在晚年日记中写道：人的一生几近十几年的大好时光都花在了科举之上，实在是耽误了做正事的青春年华。一代状元，能够说出这番针砭时弊的话，可以说是非常坦率的表达了。

除此之外，张謇去过日本考察，见识过西方科学技术进步的他也深深感受到，科举考试的内容把人的思想局限在“四书”“五经”中，这样不利于开阔眼界、提高独立思考的能力，也会影响整个国家的发展。这种制度只会让有为青年们一味地贪图功名，而不去切实关心国家前途命运，夸夸其谈去讨论宋明理学，偏向一种顽固不化的迂腐学术，已经落伍于时代之需了。“科举之弊，令人气短”，这是张謇最真切的感受。

他很早在《变法平议》一文中就指出：“今变五百年之科举而使天下人才毕出于学堂之一途。”改变科举，兴学校是挽救中国的当务之急。张謇对科举内容的态度非常鲜明，“科举制艺之徒，空言无用，乃决去之，而趋向于泰西科学”，“日诵千言，终身不尽，人人骛此，谁与谋生”？这是张謇对读书与谋生相冲突的深刻的思考。务虚还是务实，当然后者才是改革的出路。因此，张謇最终回到办教育上，他一定要把读书的内容与民众生计、与对国家命运前途的思考联系起来，办有出路的教育，办有前途的教育。

如何办教育，办何种教育？张謇其实积累了不少经验，具体如何去做他早已胸有成竹。在张謇高中状元之前，他除协助父亲处理乡务之外，最常做的事情就是去书院教书。因此，对张謇而言，教育一直以来就是最终的事业。作为一个实业家，在去日本访问的70天里，访问了各级各类学校，甚至在走访的内容上，都经过精心的考量。“五看五不看”原则正是他为将来办教育做的精心准备。可见，教育在张謇心中，一直占着十足的分量。

二、旧教育还是新教育？

办教育要从小学开始办起，张謇对古老的科举考试以及传统的教育都有自己的看法。他以身作则，在培养教育自己的儿子时，没有遵循自己父亲当年教育自己的方式，从小学习《千字文》《百家姓》，或从“四书”“五经”教起，而是专门为儿子从日本请来了保姆，用西式的教育来培养孩子，等到孩子十几岁的时候就把他们送到外国学校学习，希望这样能够打开儿子的视野，并用实用的知识来武装头脑，实践教育救国的理念。张謇兴致之余，还为孩子们填词写诗。张謇从自己的儿子开始，真正实践了新式教育的理念。

不过，儿子经过一段时间的西式教育之后，张謇还是感觉有所不足，当然他一生也没有忘掉中国传统教育给自己带来的益处，于是他又亲自教儿子古诗文，同时拓展儿子的文史知识，从而实施中西合璧的教育。而他自己仍喜欢阅读和创作诗文。他对古文饶有兴趣，他人生经历的几乎每件事都有一首诗、一小段文字作为记录。作为一代晚清状元，在知天命的年纪能够兼顾中学、西学这也是他特别之处。

三、父教育，母实业

实业与教育，孰轻孰重？在张謇心里，他认为二者同样重要，实业是办教育的经济来源和基础，没有强有力的实业，教育就是一句虚浮的空话；教育是办实业的最终所指。张謇的实业从不是为了让自己成为一代富豪，从他努力的最终目的来看，实业充实国力之后，最终他希望教育能够成为民族改造的有效工具，因为各类新兴发展的现代工商农部门，需要大量的各种专门人才，而专门人才的培养要依靠教育来完成。因此，张謇看到了实业和教育之间的关系，人们总结这是一种“实业教育迭相为用”或“父教育，母实业”的思想。

张謇办教育，不是救济和扶贫，更多的是从启迪民众的心智、促使国家富强、从民族未来的发展来考虑问题。他认为，各个部门将来需要的人才，并非那些只会读“四书”“五经”的人，而是要具备现代人的知识。同时，在办学思路上，张謇与众人不同，大多数人认为办学应该从大学堂开始，这样改革效果比较明显，能够立竿见影。但是，张謇认为，办教育应该从小学开始，因为小学是根基。他曾经深刻地讲了这样的道理：一个国家如果遭遇了欺辱，为了雪耻而开战的话，没足够的学问，那这场战争就会失败；如果一个学者只是追求学问，而不关心和普及国民的教育问题，那么教育就会十分无助；如果要在国民当中普及教育，没有老师的合理引导，那么这个普及的愿望也没有办法能够实现；如果要办教育，小学就是很好的开端，而中学、大学则是依次可选的。因此，在1901年，张謇极力劝说两江总督刘坤一兴办学校，并且要求开一些初级、高级小学课程。到了1902年，张謇在刘坤一的邀请下，与罗振玉一同讨论了“兴学”的次序，师范教育的重要性从此在张謇心中提到重要的位置。张謇认为，师范教育是启动全民族文化素质的重要动力，是加快社会现代化进程，最终改变积弱落后局面的有效途径。“世变亟矣，不民胡国，不智胡民，不学胡智，不师胡学？”[①]这一类的发问，将师范教育与开民智、声张民主、挽救国家改变世道联合起来，作为教育的源头，不可不万分加以重视。

实际上，当时如何办教育，采用旧有的教育模式还是采用西学，两派

① 张謇研究中心等编：《张謇全集》第4卷，江苏古籍出版社，1994年，第72页。

人一直争论不休。正如刘坤一身边的官员指责张謇、罗振玉的那样，认为中国泱泱大国，如果其他事情不如别人，那倒是有可能，但是如果说连读书也要向别人去讨教方法，这就是太妄自菲薄了。在这场争论中，张謇感到依靠官方来改革师范教育十分困难，他当机立断地回到了通州，自己办起了师范学校。

四、培育师资

学习西方开办学校，到底应该学习欧美还是学习日本呢？张謇在这个问题上的确有过一番认真的思考。实际上，张謇在去日本考察的时候，他曾在路上听到过两名中国留学生的交谈，这番话给了张謇不少启发：一个学生说，日本在宋代以前无一不是效法中国，但现在开始学习欧美，这样看来，我们与其学日本还不如直接去学欧美要更好，我要学就去美国。张謇在日记中写道：说得有道理，而另一个学生说：登高必自卑，行远必自迩。我们国家的教育还没有普及，就想直接学习欧美，还不如就近学习日本的经验，这样比较适合当下的情况。听完此话，张謇觉得的确也很有道理，还需要进一步思考斟酌。在此后的教育实践当中，我们看到了张謇最终的选择，学习日本的经验来办学。

张謇的雷厉风行是众所周知的，说干就干，他在1901年的春天想好了要办学校，到了秋天就已经选好地址开始筹建了，到了第二年四月，张謇改造了一座“千佛寺”，历时7个月的时间，1902年将千佛寺改造成了我国第一所师范院校——通州师范学校，其历史影响不言而喻。

在古代教育中，一般的教育多存在于民间，对绝大多数的读书人而言，教师并不是一个令人感到非常满意的职业。下面这首郑板桥的《教官诗》就非常形象地描写了清中叶之前一般私塾先生的境遇。

教官诗

清　郑板桥

教馆本来是下流，傍人门户渡春秋。

半饥半饱清闲客，无锁无枷自在囚。

课少父兄嫌懒惰，功多子弟结冤仇。

而今幸得青云步，遮却当年一半羞。

通常来说，教馆里面的施教生活并不是所有读书人的首选，而是迫于生计的无奈之举。张謇深知其中的弊病，也着实体会到，如果不提高教师的工资待遇，要想建立乡村学校，那是一件非常艰难的事情。

以下是两所学校具体创办的情况。

1.通州师范学校

张謇认为，兴学的根本在于师范。通州师范学校，主要就是为了培养小学教员而设立的。张謇的办学思路从小学办起，是十分务实的做法。当时的师范学生不可能直接从没有任何文化基础的人群中选择，倒是有不少旧学根底的“贡、监、廪、增、附五项生源”。实际上，这个时候是1903年，经过社会舆论的充分讨论，废科举的呼声已经让很多读书人开始考虑自己未来的出路，于是他们纷纷转向新式学堂，而张謇创办的通州师范学校，就是他们转投的新希望。当时，报考通州师范学校的人很多，甚至包括中过举人的士子，如此火爆的情况让张謇不得不宣布：“这只是培养小学教员，学生遵旨不取举人。”在这样的情况下，学生很快满员，学校正式开学上课。其中，第一批通州师范学校的教师里，就有不少当时响当当的大学者，例如王国维，还有日本的教育专家，共计10人。

张謇对通州师范学校的建设倾注了大量心血，事无巨细，一一亲自过问。学校建成后，张謇任校长，在开学的演说中，他开诚布公地对大家阐述了办校宗旨，并对学生们提出明确期望，他说：“诸君诸君，须是将天下一家、中国一人，民吾同胞，物吾与也之道理，人人胸中各自理会；须是将先知觉后知、先觉觉后觉之责任，人人肩上各自担起。肯理会，肯担任，自然不惮烦琐，不逞意气，成己成物，一以贯之。孟子曰：‘人皆可以为尧舜。’愿诸君开拓胸襟，立定志愿，求人之长，成己之用，不妄自菲薄，自然不妄自尊大。忠实不欺，坚苦自立，成我通州之学风。庶几实业教育，扩而日新，佐下走不逮。”其中的“坚苦自立”“忠实不欺”，成了通州师范学校的校训。

1903年3月张謇去日本考察的时候，就着重参观过东京高等师范学校。东京高等师范学校主要培养的是将来能够从事实业和发明创造的老师，整个师范学校具有系统和整体的规划，例如学校的直属机构就包括了寻常师范学校和中学，而附属机构则包括寻常高等小学校以及单级小学校。张謇认为，这个体系是一个脉络贯通、严密周全的人才培养机制，有本末，有表里，十分值得学习。除此之外，张謇还着重了解了日本中小学所使用的教科书，他发现，此时的日本在农学方面已经不再使用中国的古籍作为治农学的教材了，反而使用了欧美用书，于是张謇真切地感受到，当一个国家衰微的时候，这个国家的古人和后人都会受其所累。

为了将师范学校办好，张謇不断地考察和挑选适合的人才，积极派往日本东京留学，希望能够将日本师范教育的经验带回来，让通州师范学校的建校能够更好地有章可循。张謇到访东京高等师范学校后，由于对日本的师范教育有比较全面的了解，觉得有太多值得学习和借鉴的办学要领，因此在此后通州师范学校的后续建设当中，依然不断学习日本的学校模式，例如通州师范学校的教室就借鉴了日本教室的尺寸，而且还依据气候的特点因地制宜地变通。

在师范讲习科开设不久，录取了一个叫樊民一的学生，张謇认为他是个不错的人才，于是派他去日本留学，用半年的时间体验和考察了日本的教育，然后立即回来助力学校建设。樊民一经过七年的努力，让学校走上正轨，取得不小的进展，后来他染上了瘟疫，不久就病逝了。张謇听到这个消息，感到英才早逝，此后还写了一副痛失人才、感慨万分的挽联，表达惋惜之情。

尽管艰难，张謇认定教育是最终改造中国的重要途径，因此他撰写了《师范教育大纲》《通州师范学校议》等，从各个方面论述师范教育于国于民的重要作用，并且呼吁政府应当提高师范教员的社会地位和经济地位，这些文章在社会上引起了巨大的反响。其实，张謇办教育的思路，并非一味地效仿日本，而是有着自己深思熟虑的设计考虑，这个教育体系的设计既包括了他自身学习和科考的经历，也包含了赴日学习的经验。

张謇给清廷办教育的建议是：凡是大学、高等、中等各师范本科毕业生，可以相应地给予传统科举里面的贡生、举人、进士的名义，然后让他们取高等、中等及小学尝试教学，然后对教学的过程进行考评，看看他们所教的学生到底学得怎么样，依此来评价他们的优劣等级。进士头衔的毕业生可以去教高等学校，优秀的教员可以授予国子监丞衔，其次可以授予博士。举人可以教中学，优秀的教员可以授学正，次一点的可以授予助教。廪生、增生可以参照贡生，让他们去教小学，优秀的可以授艺府教授，次优秀的可以授州学正。监生和附生也可以参照贡生来教小学，优秀的可以授以县教谕，次优秀的授以县训导。张謇这样的教育评价设计思路结合了学习和实践两个方面，不同师范院校的学生可以分流到不同级别的学校开展教学，又根据教学的成效给予不同的头衔和等级。他认为，教育是需要教师的资历不断积累的，当然成绩也是在一天一天的教学实践中不断磨炼出来，因此，随着资历和成绩的积累，教员的级别可以逐渐递升到祭酒这样的古代教育最高官员的头衔，甚至到管学大臣。按照这样的设计思路，张謇认为，教员具备了官员的职称，可以终身服务于教育，同时毕业生虽然从事教师行业，但是也可以和其他科举进士一样，同享公务福利。用这种方式来鼓励民众热心教育，尊重教师，投身教育事业，张謇的考虑在那个时代是具有非常大的进步意义的。

孔子曾说“学而优则仕”，不过在这里，张謇把教师的专业化嵌套进了“仕官”的序列当中，希望能够借此抬高教师的地位，让众人尊重教师。在过去，除了科举考试，读书人只有考不中的人才会去做老师，郑板桥的一首《教官诗》，道尽了“傍人门户”的私塾先生的心酸，但是如果整个国家能够按照张謇设计的那样，将师范教育兴办起来，那么教师的政治、经济地位就会得到保证，社会地位受人尊重，自然就会有很多人转而投入薪火相传的教育事业当中。张謇办师范，历尽辛劳，不但从选址、选老师、设置课程进行周详的安排，而且对于教师的薪资也参照了当时德国、日本、英国、法国、俄国、美国等国家的工资标准，依据中国的财力情况拟定了薪酬标准，这些努力，无非是希望能够在提高教师待遇的同时，吸引更多人进入教育的行列。

此后学校逐步走上了正轨，张謇曾经自豪地说："夫中国之有师范学校，自光绪二十八年始，民间之自立师范学校自通州始。"

2.女子师范

1907年，张謇开始筹办通州女子师范学校，为此还号召社会各界对女子师范予以重视，倾囊捐助。

作为一个典型的晚清儒士，能够认识到女子教育的重要性，这实在难能可贵。张謇在《女师范学校募捐启》文章里，开篇就谈到，中国历来似乎代代相传"女子无才便是德"，世人用欧美的女子解放来诋毁中国没有女学，中西两方对待女子的两种不同看法争论不休，如果光是争论而不实际行动，那争论永无休止，意义何在？然后，张謇在《周礼》中发现，其实古代的女子也是有才，例如周代的女子懂得如何耕种，而大户家族的女子也会和男子一样获得教育机会，只学了皮毛的女子让世人感到学了还不如不学，因此才有了后来"女子无才便是德"的偏激论断。实际上，解决这种偏见的办法，应该是兴学，而兴学的根本，只能兴办师范学校。在这样的思路下，张謇希望在通州设立女子师范学校，按照国外的方式来兴学，并号召各界人士，根据自己的意愿量力捐款，为通海的女子教育做一番改善。

在这里，我们看到张謇并不是顽固不化的老书生、老夫子、老状元，他有开阔的眼界和心态。对于社会上争论不休的“女学”，张謇善于从历史的角度加以分析，说明自古中国女学存在的客观情况，透彻分析了为何会出现“女子无才便是德”这一论断，而当下我们应该如何应对和改变这样的观念。张謇的思路十分明晰，也看到了与其停留在无休止的争论当中，不如切实通过办学来改善女学落后的状况，因此在这一点上，张謇的思路是十分清晰的。

近代中国女学的开办，无论是张謇在民间的努力还是后来清廷学部的学制改革，都为中国后来的女子教育开启了一条规范办学的道路，具有非常重大的历史价值。

五、办学考量

张謇建立了一系列私立学校，从小学、初中到师范，在此就不一一罗列了。其中各种细节考量，皆从现实出发，以利民方便为主。例如，一个州县，到底应该办多少所小学？张謇就仔细计算过。

他曾经说：本州的教育，两年来没有得到进步，就其根本原因而言，是因为教育未能得到普及，乡镇的小学太少，高等小学也就没有办法获得更多的生源。再往上，也就严重影响到了师范教育和中学教育。因此，希望能够在州的层面，建立起400所初等小学，然后按照每所小学纵横覆盖25平方公里计算。他进一步详细论述，一个儿童每天上学、放学，要走大约5公里路。如果遇到道路泥泞，再考虑到偏远的乡村，5公里路对于一个孩子来说实在是太远的路程，这样即使兴建了学校，那么也没有办法最大限度地让周围的孩子都能顺利和方便地上学。因此，他建议改成每16平方公里建一所初等小学，最远距离的儿童上学路上的时间也就能节省不少。这样一来，原本计划建400所小学就要扩充为600所。

接着，张謇进一步谈到学校管理问题以及每年级、每班级的学生人数，事无巨细，方方面面都考虑得非常周详。这样一个儒商办教育，难道真的是为了商业吗？当然不是，张謇之前营商，目的是为了能够有钱办教育，这时候就可以看出来，张謇其实本质上并不是一个商人，而是一个自始至终关心国家前途和命运的儒士。商业、实业，只不过是国家强大的必由之路，而最终的目标，要通过教育来开启民智，提高觉悟，拯救民族的未来。

六、鬻文慈善

张謇认为，慈善是整个社会的完整和谐之需，建立慈善机构是完善社会整体的一个重要组成部分。古语有云，鳏、寡、孤、独废疾者皆有所养。要让这些社会弱势群体，获得一定的救济。张謇办了很多慈善学校，处处以培养人才为己任。

为办慈善，张謇不止一次卖字筹款。张謇曾说，我本来是农家子弟，祖父以欠债为耻，但是自己自从投身实业以来，的确也将这几年所得盈利在各地办了教育、慈善以及公益事业等。刚开始兴办还好，不过越是办到后来，越感觉到事业之庞大，如果不依赖他人，有可能办不了几年就得停办。

起初，为了筹办通州新育婴堂，他在报纸上登过《鬻字字婴启》，给人书写楹联、屏、榜书、册页、手卷、扇面等，明码标价。张謇在启示中写道：一开始要办育婴堂的时候，只有区区四千银圆，但是1906年9月开堂，到了1907年12月初就收容了一千多名婴儿，开销花费超过了两万银圆，此后接连不断的婴儿继续到来，因此只能想这个办法来筹款了。他说，我的字不足为道，而卖字所得的钱一定是用来育婴的，因此这百余婴儿的性命就在我绕腕写字须臾间，还希望诸君不要吝啬钱财，钱到登记，字写成就能交付。这则启示在报纸上一登，果然不少人响应，就这样卖字短短两个月，就筹得上千元，缓解了育婴堂的经费紧张。实际上，张謇从小就勤奋练字，二十岁之前日记里出现的最多的内容就是习字、练字、写字、写诗。张謇的书法在楷书、行书、草书、隶书、篆书各有所长，时人评价为“同、光第一”。在那个时代，他的书法被印刷成各种字帖，畅销全国。与张謇同时代的韩国汉学家、诗人金沧江介绍他的诗：“啬翁二十成文章，丽词字字生风霜。谓我赏音笑相示，读过三日牙犹香。”①

此后，张謇又为残废院、盲哑学校的开办鬻字。张謇想尽一己之力用于慈善事业，但因为要办的机构太多，支出开销巨大，求人资助已经不再能够缓解周转的危机，因此他再一次想到要卖字筹款。这一次他在《申报》的鬻子启里写道：“有欲仆作字者，请必纸与钱俱，当按先后为次。苟不病，当日以一二小时给之。诸君虽略损费，然不论何人，皆可牛马役仆……”这番话里话外，我们能感到为了慈善，张謇已经是放下了身份，哪怕是能多为残废院、盲哑学校多筹两三元钱，也愿意做牛做马。的确，

① 王敦琴主编：《张謇研究精讲》，苏州大学出版社，2013年，第7页。

一副楹联，四五尺大，也就二三元钱，十分廉价。这类事情，放在任何时代，也真是少有。

后来因为还要兴办各类慈善机构，张謇经常登报鬻字，这鬻字筹款慈善的事情，一直到他七十岁还在持续不断地进行着，他在《申报》的广告中这样说道："鬻字犹劳工也。忽忽十余年，今政七十，宁复胜劳？然无如何。自登报日起，鬻字一月。任何人能帮助吾慈善公益事者，皆可以金钱使用吾之精力。"七十岁的老人了，本应该颐养天年，但他还是心系民间疾苦，不眠不休地忧虑着筹款事宜，这种精神真是令人肃然起敬！

第五章

治家训诫

在中国传统社会里，家书具有重要的意义。家书是承载家庭、家族文化的重要载体，也是以最为亲切的口吻将做人、做事的道理付诸笔端的情感表达。家书里往往包含着父母子女彼此浓厚的寄托和牵挂，它常常从小事着手来展开是非对错的讨论与评判，然后以小见大，道出父母对子女成长的关心，子女对父母的依恋。像张謇这样的士大夫，他的家书更多时候还会渗透了一种忧国忧民、以天下为己任的责任感，这种情感浸润在字里行间，用最质朴的语言向骨肉至亲表达着自己对国家未来最为诚挚的忧思。阅读张謇的家书，能让我们看到平常人家书信里看不到的家国情怀，这是最难能可贵的。张謇家书里的点点滴滴，既是个体实实在在的日常生活，又包含了力透纸背、有血有肉的天下情怀，值得我们细细思量，细细品读。

如果说家书是日常生活的嘘寒问暖、思想交流，这过程当中饱含了更多的深情，那么家诫就是用较为严厉的格言、警句来防范思想的懈怠和不安分。这么一分析，张謇的治家之法正所谓一柔一刚，今天回过头来总结，确实是刚柔并济。

张氏家族的后人没有因为祖上的辉煌而自满，他们戒骄戒躁，也不会因社会、国家的变迁而生出额外心思，自始至终都是以民生为己任，在不同的时代格局下实践“天下之大德”，时刻不忘爱国、爱民。张氏家风诞生于张謇，被张氏家族世代传承，当然这也是士大夫高尚情操的典范，值得其他家族去学习。下面让我们从这些家书和立碑刻字当中，看看张謇这位状元如何为人子，如何为人父，如何借助自己多年读书科考、做事、经商的人生经验去教子的。

张謇的儿子很坦率，他说：“我父只生我一子，自然爱护异常，何况四十多岁方才生我。所以望我成立做人，比什么也殷切，导我于正，无微不至。”

第一节　家言家书

常言道，烽火连三月，家书抵万金。张謇出身农家，这样平凡的出身要成为一个社会上响当当的人物，外出的历练必然是少不了的。张謇离家在外的日子，自然而然免不了对家中父母兄弟的牵挂，免不了在一封封的家书中倾诉自己的思念之情，向父母长辈倾诉烦忧。等到张謇有了儿子，为了儿子能在变动的时代获得更好的教育，他在年迈之时将唯一的儿子送出去求学，然后通过一封封的书信，悉心关怀儿子的生活学习，教他做人做事的道理。因此，可以说，除朝夕相处、言传身教之外，家书成了张謇家庭成员之间相互交流和开展家教的一个重要载体，在一封封家书里面，我们能看到他们家人之间真挚的情感，也恰恰是因为有了这一篇篇落实于纸面的字迹，才让我们今天能够透过笔墨记载，了解到当时具体情况。

一、父母家书

光绪二年（1876），张謇家因为之前的“冒籍”风波，已经举步维艰。因此，张謇在老师孙云锦的推荐下，到吴长庆提督的军中做幕僚。这次离家，让张謇十分不舍，当时他特地写了两首诗，来表达离别父母和兄弟的伤感。在这两段文字当中，我们能看到游子对家的思恋，对父母兄弟的不舍。

检衣

北风动庭树，落叶浩如雪。
游子身觉单，检衣辄呜咽。
游子还家时，襦袴垢且裂。
垢者忽以浣，裂者忽以缀。
浣斯复缀斯，不闻慈母说。
游子计出门，终岁十常七。
还家慈母劬，出门慈母惙。
念此心孔伤，泪下不可掇。
游子眼中泪，慈母心上血。

思故乡行

大堤二月杨柳黄，游子牵衣辞高堂。
御夫在门车在路，欲行不行且尽觞。
高堂半百发渐苍，吞声欲语情惨伤。
……

男儿何事出门去，登车四顾真苍茫。

……

为余千里等资粮，期余努力志四方。

……

暂时离别勿耿耿，黄鹄有翼终须翔。

嗟哉故人实余将，游子行矣思故乡。

此时天气微寒，张謇拿着行李与父母拜别。男儿虽有泪却轻易不掉落，离别之始竟已经开始思念起故乡了。这一去，不是不想在父母膝下承欢孝敬二老，而是好男儿志在四方，要出去闯荡一番，希望将来能够衣锦还乡让年迈的父母过上好日子。

跟着孙云锦和吴长庆做事，补贴了家用之后，张謇去了朝鲜，张謇在朝鲜见过了世面。从朝鲜回到家乡之后，张謇就又过起了居家奉养父母的生活。面对着外边世事的风云变幻，他觉得不如回归乡土，有一宅，有一田，生活稳重踏实。“农桑世所业，茶荠吾可来”，过一种朴实的农家生活本就是自家最为擅长的事情。这个时候，张謇已经不想再在仕途里奔波，反倒是觉得回到家里做些实事为好。

张謇的父亲张彭年一直以来都很注重乡里的事务，张謇回乡也正好能够帮助父亲造福乡里，养鱼、种树，在地方上做了不少实事，也算是对乡里有所贡献。

二、状元得子

张謇45岁时才喜得贵子，万分高兴之余，写了一首纪念儿子出生的律诗，里面谈到了这桩人生喜事来得虽晚，但着实令人欢欣鼓舞，不过诗中似乎又夹杂着一丝淡淡的忧思感慨：

平生万事居人后，开岁初春举一雄。

大父命名行卷上，家人趁喜踏歌中。

亦求有福堪经乱，不定能奇望作公。

及汝成丁我周甲，摩沙双鬓照青铜。

诗的最后说到，如今老夫45岁才得子，看来到我儿成年的时候，父亲早已经是两鬓斑白照青铜了。这个独子，给张謇晚年带来了不少父子亲情的牵挂，在儿子出生之始，张謇也预料到了自己能够陪伴儿子人生旅途的时日不像别的父亲那么多了。无论如何，一代状元，在教子养子上，自有一剂良方。

三、小儿初学

在张謇给儿子的上百封家书里，核心内容围绕着如何养成良好的习惯来展开。老来得子，自有老牛舐犊的别样趣味。

在儿子初学写信的时候，只要信里出现了错别字，这个饱读诗书、满腹经纶的状元父亲就要义不容辞地给他纠正。有时候看到儿子写得还不错的作业，就高兴地吟诗记录，这时的诗作别致有趣，欢喜和期待跃然纸上。

今见吾儿作，

欢喜腾篇章。

世乱要材用，

材必栋与梁。

清末新政时期，张謇也反思了自己一路科考的历程，在面对儿子的教育问题上，他进行了慎重的思考。实际上他希望自己的儿子能够在新气象中接受新的教育，不要像自己一样再将大好的青春年华花在科考路上。因此，很小的时候，张謇就为自己的儿子制订了新式的教育方案。

四、日式培育

1903年，张謇到日本考察，看到日本的幼儿教育，内心极为赞赏。除记录了不少办学经验之外，他还登报向日本招聘幼儿教师，让自己的儿子先来尝试一下这种西式的幼儿教育。到了1904年，一个名叫森田政子的日籍女教师及其丈夫来到中国，给张謇刚刚才满7岁的儿子怡祖提供家庭教育。在张謇与森田政子商议了教育的内容和具体教学计划之后，还专门制订了《扶海宅家塾章程》，里面将西式所强调的体育、德育、智育都纳入了传统的蒙养教育内容之中，不再仅仅是沿用古代那种“蒙以养正”的道德概念，而融入了新式的教育蒙养观。此后，张謇的儿子和邻居家的孩童，一共十人，就在森田政子的带领下，开始了学习。这个家庭小班里面，有五人7岁，四人10岁，一人11岁。

为了提高孩子们的学习兴趣，张謇与森田政子还一起编写了一些活泼生动的儿歌，由张謇这个状元爸爸亲自撰写歌词。这些儿歌的主题都是小孩子日常能看到的小动物、小玩具，没有任何严厉的说教。像金鱼和风车在张謇笔下，没有被描写得呆板生硬，反倒栩栩如生，活泼有趣，加上曲词朗朗上口，措辞又不失文雅，在森田政子的教唱下深得孩子们的喜爱。

金鱼歌

风吹池面开，一群金鱼排。

小鱼摆摆尾，大鱼喁喁腮。

白鱼白玉琢，红鱼红锦裁。

我投好食不须猜，和和睦睦来来来。

风车歌

风车兮风车，圆转兮不差。

风之亟亟兮，车之捷捷兮。

人心不息兮，风之不息兮。

这两首儿歌也可被看作是押韵的小诗，处处体现着童趣，处处蕴含着张謇对儿子成长的关怀。当我们对张謇忧国忧民的心境有更多体会时，就能感受到《风车》最后两句所表达的深意：自己还应像风车一样，用心继续再干一些有利于百姓和国家的事情。

过了二十来天，家塾里儿童学习了体操和绘画，张謇查看了森田政子选用的教科书之后，为了让儿子打好古文基础，又请了名师来家里讲授国学，自己亲自教授儿子古乐府诗和唐诗，这爱子用心之细，亲力亲为之辛，真是让人意想不到。除此之外，张謇又请了英文老师和数学老师，为将来儿子出国留学打好语言基础，也一改传统教育只读“四书”“五经”的状况。无论如何，张謇希望自己的儿子能够在将来有一个广博的视野，能够借西式教育之功效来拯救中国的落后和贫瘠。

等到儿子上了小学，每到年底儿子回家，张謇都要对儿子的课业做一番检查，看看字写得如何，作文做得怎样。有一次，张謇的叔兄回家过年，一家人融融洽洽，好不热闹。张謇想着，儿子也读了一段时间的书了，何不在家人面前尝试着作点小诗，活跃一下气氛。于是，他就让儿子赋诗一首。没想到，儿子没有自己当年那个聪明劲儿，张口说了一句“北风吹白云”，然后就再也作不下去了。张謇其实并没有因为儿子作不出诗而生气，而是接着这一句，给儿子讲了一些作诗的方法，例如如何做属对，如何缀连句子，耐心地启发和教导。除此之外，张謇会与儿子的老师讨论如何教学，说起自己年少学习时宋先生要求每天记日记的经历，以此要求老师督促儿子多记日记，因为“只有日记包罗万象，不拘一格，是练笔墨顶好的方法”。这段时间正是张謇在大生纱厂忙碌创业的时候，张謇能够在百忙之中抽出如此多的时间和心思来关心儿子的教育，令人难以想象，也正是这两不耽误让我们看到了一个能够兼顾事业与教子育儿的好父亲。

五、夫人重病

1908年发生的一次家事再次体现了张謇对儿子的关爱与体恤。正月的时候，常乐家里，张謇的夫人徐氏突然得了重病，从正月初七一直卧床到二月十三，请了几个医生来看，都没有治好。等到三月，医生建议，让儿子回来看一看她。十一日儿子归来的那天，张謇夫人的病情有所稳定。等到没几天，病情又进一步恶化，到三月底的时候，夫人就快不行了。那天，夫人突然让张謇抱抱自己，可是等张謇俯身准备去抱她时，夫人反而握住了张謇的手，深情地说：“你待我不错，我待你也不错。”等到张謇要进一步询问何出此言时，夫人的面色已经变得很不好了。“人皆有死，无事酸楚”，张謇只能如此来安慰她，其实徐氏此时也知道自己快不行了，她坦言：“我也晓得是这般结果。”然后，张謇说，“怡儿（张孝若）还没有回来，你平时最疼爱怡儿，能否再多等等？”徐氏说：“怡儿要用功读书，又何必让他回来呢？”张謇含泪说：“怡儿回来的话，你就能见见他了。”徐氏说了句“如此也好”，又交代了一些事情，就去世了。临终，也没有见到自己最爱的怡儿。念起夫人晚年所倡办的女师范、育婴堂，那都是对百姓来说的大善事啊。夫人的过世让张謇悲痛万分，而这番临终前的对话，在平凡中蕴藏的情真意切，在朴实中包含着一家人的和睦体谅。其实，怡儿并不是徐氏所生，但徐氏却把怡儿当作亲生儿子来养育爱护，等到徐氏出殡时，怡儿的哭踊致哀，在不知情的人看来还都以为是亲生儿子的母子之情。徐氏时常让怡儿好好读书，也希望怡儿将来能像父亲一样成为国家栋梁之材。张謇惦记着怡儿的课业学习，于是在夫人过世后大约半个月，就敦促儿子回到学校继续学习。儿子念及徐氏平日的好，禁不住又一次大哭。

父母在儿子成长的过程中所给予的关心、疼爱，以及对他学业功课的牵挂，都是无微不至的。到了1909年，张謇在回到通海垦牧公司的时候，办公之余也没有忘记将两册高等国文的讲义寄给儿子，里面标记了十余篇纪传文，希望儿子的老师参考并结合着讲授。过了三天他回到长乐之后，又给儿子写了信，还寄去了白袍。五天之后又发来电函，这封电函大致内容是这样写的：“儿子啊，每天除上课之外，如果你还能有两三个小时用来安心用功，那么不愁将来没有长进。这些年少时下的读书功夫，正是将来成人之后的基础啊。休息的时候可以复习一下学过的拳术，这样有益于健康。父亲我在外边忙碌，一天到晚都不得休息，到了晚上没有访客不需要处理公事的时候，就开始想念我的儿子了，无奈此时没人能够理解父亲的心情，想起你的母亲又更是伤感，这些，儿子你都知道吗？”这段内心独白，真是情真意切，要知道，这一年，老来得子的张謇已经56岁了。

六、天下父母心

和许多家长一样，这位状元父亲对待儿子的生活学习，体贴入微、关怀备至。好在今天我们能够借助留存的家书，在字里行间看到这份关切。我们现在能看到的诸多张謇留下的家书手稿[①]，蕴含的父子之情，质朴而情深。

张孝若16岁远赴青岛读书的时候，张謇时常与儿子通信，家书中张謇一再嘱托儿子要注意身体，要知寒暖，小心生病等，这些都是日常家话，这里摘几段就一目了然了：“前见儿讯，有时穿西衣之说，在家与儿母言，怕儿贪凉爱爽，因而受病。”“天已大凉，寝时须盖略厚之棉被，须着紧身小袄；食少油，勿过饱。”“儿早晚眠食小心，丸药切须服完必有益。”

张謇晚年得子，自然对张孝若疼爱有加，但并不过于溺爱。张謇的

① 在位于南通市新城区南通市档案馆新馆的特藏库“张謇”卷宗里，保存着张謇给其子张孝若的亲笔家书138件。这些家书大约写于光绪三十三年(1907)至民国四年(1915)，时间跨度达8年之久。转引自肖正德：《看张謇怎样做父亲——南通市档案馆藏张謇家书简介》，《中国档案》2010年第1期。

父爱有着自己的表现形式，这就是“寓理于情，严中有爱”。这是一种深沉含蓄的爱、博大宽厚的爱。张謇常对家人说：“小孩子溺爱他，就是害他。你们望他成立，就得严正地管教他。”自张孝若懂事后，张謇一方面不放松对他的严格教育，一方面又很尊重他的“自主权”，张謇曾在儿子生日的时候写过这样一首诗，表达对远在外地求学的儿子的思念之情：

听过江潮又海潮，
记儿生日是明朝。
老夫对烛频看镜，
白发因儿又几条。

一位老者，一位头发苍苍的老父亲，他的每一根白发里藏着的都是思念之情，但他望子成龙，没有将儿子留在身边做孝敬防老的事情，这说明到了晚年，张謇还心系国家发展，没有更多去考虑个 人养老或儿孙膝下承欢的天伦之乐，而是希望儿子快快长大成熟，能成为国家的栋梁之材。

张謇教儿子如何读书自有一套方法：“每日上课外，真能有两三小时安心用功，不愁不长进。”“须耐心向学。”“儿宜每日按时致力于学。”“勤学须有恒，不可或作或辍。”“休息时可习已学之拳，既有益卫生，又不废学也。”“肢体宜勤动，不宜用过当之力。游戏、击球，亦须有节。”这些都是他三十多年读书总结出来的经验，也值得我们今天借鉴。

培养孩子自立，也是张謇家教中的一个主要内容，家书中说道：“男子重自立，父母会有尽。”“儿其自砺，成人之基在是。”“儿能做者，须自己做，切勿习懒。”

当然，张謇也有子承父业的期待，他希望自己一辈子未完成的事业能够后继有人，他在信中多次语重心长地告诫儿子：“父老矣，只见一人为父之代也。”“父今日之为，皆儿之基业也。”“居今之世，若无学问、常识、声望，如何能见重于天，如何能治事，如何能代父?故不得不使儿阅历辛苦，养成人格，然后归而从事于实业、教育二途，以承父之志，此父之苦心也。”还有一句话，更是道出了他内心的独白：“我即一子，一坏即无后望。我老矣，不得不为久计也。”张謇还是希望自己的儿子能够将来尽自己未尽的事宜。

关于诚信品格的培养，张謇说：“父生平待人坦怀相与，不事机诈。人之以机诈待父者，往往自败。然父仍含容之。所谓君子落得为君子，小人枉自为小人也。”此外，他还在信中谆谆教诲其子：“何以立品?不说谎，不骄，不惰，不自放纵任性而已。”“儿经今年之阅历，当悟人生信用。”由此可见，张謇对于“信用”二字，是最为看重的。

自强爱国的训诫，力透纸背，他多次在信中告诫儿子：“努力学问，厚养志气，以待为国雪耻。”“父今日之为大局，为公益，皆儿他日之基本，惟须儿承受此基本耳。”“今父不能常与儿处，每一设想，便觉感慨横集，觉得儿所处境，磨炼之资料太少也。使儿心喻此理，时时体察国势之未安，父境之艰巨，及儿将来负荷之重大，亦得一半理想忧患之资料。”

七、兴趣引导

按照传统教育的观点，学习应该是“勤有功，戏无益”，不过张謇看到儿子对新奇事物感兴趣，教育上另辟蹊径，在这无益处的“戏”上求点“益”处，正如他自己所说：“如今须在‘戏’上求有益，（毕竟这是）儿其志之。”所以，他给儿子寄去了一部《徐霞客游记》，既能够满足儿子对新生事物的好奇心，又不失文采阅读，一举两得。而且张謇认为儿子通过阅读这部游记，也能认识祖国的大好河山，了解一个伟大探险家的探险历程，一举多得。

此外，张謇还发现儿子喜欢诗文，于是就为儿子选了一些古人的小诗，让他先学着去读。有时候，自己也会赋上一些诗作，专门为儿子写诗。下面这首诗就是他写给儿子的，他希望儿子快快长大成才，能做乱世之中国家需要的“栋梁”。下面这首诗没有生硬严厉的训诫，反倒有些轻松戏谑之感，旁征博引，娓娓道来，寓教于乐。

苏堪以诗扇奖怡儿，因书其背

郑君余老友，结交卅年强。其诗妙天下，铿若听鸾皇。

有子四五人，灿灿成雁行。令各习一艺，勿为诗所伤。

诗好漫无用，不好徒啾呛。今见吾儿作，欢喜腾篇章。

无乃誉人子，与其直意妨。世乱要材用，材必栋与梁。

区区琢宗桷，得失皆寻常。君意甚深远，儿辈安能详。

譬之事博弈，聊以酬嬉荒。一笑语儿子，老夫诗满囊。

没几天，张謇盼到了儿子的回信，正是这封书信，让张謇第一次对儿子有点儿生气。看到了儿子的信，本应该是一件非常高兴的事情，可是从第一个字开始，张謇就发现这个笔迹不是儿子的亲笔，于是一股怒气油然而生，当即就给儿子发电函，压住火气耐下性子循循善诱地跟儿子说："你现在不会做的事情，就交给德润去做。要是能自己做的事情，需要自己亲自去做，切勿养成偷懒的习惯。我还记得你小的时候，那会儿才五六岁的样子，吃饭拿凳子都是自己去，如果别人这时候帮你，你都要哭闹，可见我儿的本性是勤劳的。现在，你给父亲寄送的书信，居然还要托人代写，这实在是渐渐变懒了，这是个大毛病啊，儿子你需要痛改这个恶习！"相信做儿子的收到父亲这样的电函，内心也会多有惭愧。从此张孝若做人做事，都勤勉、用功，直到父亲去世之后，他为父亲撰写的传记，也处处可见求真务实的态度。

状元父亲在育儿教子上费尽了心思，为督促和检查儿子课业学习情况，他给儿子定了一条不成文的规矩，那就是无论何时何地，如果没在跟前，那就要给自己写信，并在信中附上诗作，张謇看过之后会再给他逐字逐句点拨批改，这样比私塾家教老师要细致、耐心得多。

八、为人处世

张謇给儿子的家书还涉及其他方面，比如在学校应该如何与教师和同学相处，其中有一封就写得特别明白："吾儿对待师长，一定要温和恭敬；对待同学则要谦虚相处。"那么进入社会之后，面对复杂混乱的社会情况应该如何处世呢？张謇说："现在的世道并不像乡下那么太平，外面的世界慢慢变得有些乱序，而人的心也开始变坏了，君子之间的相处，只有中正耿直才好，不过要知道在合适的时候有进有退。儿子如果能领会《易经》里面的道理，那么就可以悟到父亲今天所说的这些话。儿子，你与别人相处的时候一定要记得这句话：'泛爱众而亲仁'，尤其需要记得

‘谨而信’。这些话出自《论语》《孟子》，正如常人所言，《论语》《孟子》当中的道理，信里面的哪怕一两条，那也将受益终身，受用终身啊。平时对于那些信口雌黄的人，不要跟大家一样去与他们交往，这种交往浪费时间，没有什么好处的，还会对原本的好事有所影响。”之后他又进一步给儿子强调在这乱世之中的一些处事自保的原则，非常实用，处处尽显作为父亲的一份担忧。张謇在书信中给儿子写道：“世道人心实不堪问，儿在外务须择交。设有所闻，少发议论，议论高，招人忌；议论鄙陋，惹人訾。”他身体力行，用自己给儿子举例：“你的父亲我平时待人坦诚，从来不存心机或是欺诈之心。如果有人存心或是欺诈我，事后往往是以失败而告终。不过我还是会去包涵和容忍他们，正所谓君子乐得为君子，小人枉自为小人也。”张謇的教子，是从自身做起，他希望儿子能够和自己一样，将来成长为一个坦荡荡能容人的君子，不要过多去评价别人，做好自己的一切就行。

下面摘录两份张謇写给儿子的长文嘱托，看看这位父亲对在外学习的儿子的牵挂。

张謇60岁时，儿子15岁。1913年1月30日，张謇写下了《儿子怡祖字说》，他对儿子说：在你还没有出生之前，你爷爷就说现在虽然孙子还没出生，但可以给孙儿起个名叫怡祖，这样孙子来到世上，不忘祖上。甲午年我考中了进士之后，你爷爷就去世了。过了四年，你才出生，这个时候我才体会到你爷爷起名的初衷，而这个时候最难过的是，你的爷爷已经过世，来不及看到刚出生的你。你离开襁褓之后，我时时刻刻都会用你爷爷的言行来教育你，在这个过程当中反复感到这是爷爷对你的教导。到了民国改年号的时候，你也长大了，十六岁就要去青岛求学，这样就意味着与人交际的社会活动即将开始，这样一来，当下应当考虑的就是你不可以没有“字”，所以我给你的“字”取作“孝若”。“孝”字，从古至今，它的意义从细微处到大处都体现得非常丰富。《曲礼》里面就说，不登高、不临深等，就是孝的体现，主要是强调顺。《礼记》里面说，孝就是顺，要顺着道理而不违逆人伦，这就是顺。要能够达到顺的境界，那么在学习上要求你按照顺序来展开就能够有所进步，在行事治世上要顺于世道按照顺序来展开就能够办好事情，在与人交往上按照人伦顺序来展开就可以让人和人之间的关系变得融洽，如果按照礼的次序来生活则可以让自己安身立命，这些都是顺的效果。如果一个懂得孝顺的人能够爱护自己的身体，那他必定能够知道登高临渊之时给亲人带来的担忧；一个孝顺的人，一定会谨小慎微地处世，因为他知道如果亲近谗言，那么就容易失去道德，但如果能够以孝顺来修身，这样的人就一定能知道和辨别冥冥当中那些不好的行为和冒险，而那些侥幸的做法会让亲人感到羞耻。一个人如果没有顺利的事情，那就叫“备”，《礼记》里面提到所谓有福的人，那都是获得了诸事顺利的人，这种“福”不是我们通常理解的那种福气，而讲得更多的是“有备无患”。此次你去青岛学习，去的是一所德意志设立的东方大学。那里校风严肃，地理位置面海背山，去那里学习的也有好几百人。那里，无论是处在高处还是低处，无论是深入还是浅出，无论是独处还是众处，学校里应该都有关于什么事情可以做什么事情不可以做的规定，也有合乎孝顺之道的那些事情。无论如何，此次学习是儿子的福气，这就是我为你起的字“孝若”的缘由，以此作为勉励。你看，你的名字是爷爷给你取的，你的字则是父亲我对你的期待。

69岁的张謇还曾给24岁的儿子写过一封家书，时间是1922年8月，张謇在信中对儿子说：自古，男子大约从十岁开始就跟从老师学习，到四十岁才开始为官，中间的二三十年，都是在学习如何做好一个儒士，将来在治世的时候发挥作用。一般说，读书人不会轻易任职，只在从小读书求学的过程当中慢慢培养成为对国家有用之人。因此，一个国家要能三代盛世，那么其栋梁之材无不在努力学习，而国家也到处都是学习之士。如今，政府因为考虑到国家举步维艰、民生不济，因此要派你去欧洲及美、日本诸国进行实业考察。但就我来看，儿子你今年也才二十四，我怕你不能胜任这个工作啊。你刚出生的时候，正逢清末政治变革之际，旧学改革之际，在你成长的过程当中，自上没有接受古人弱冠之前二十余年修养教育经历，自下又缺乏与良师益友的切磋，你的学问不足，见识不深，真的让我很担心。此次出行，乃是临时因为时局的情形让你提前去做国家栋梁该做的事情，你不能把这件事看成是做官，而是要把它当作一次去学习的机会。希望你切记这一点，这样才能不辱使命。

张謇这样一位老来得子的状元，从儿子出生之日起他就已经想到，待到儿子行20岁冠礼的时候，自己怕是已经到了65岁的迟暮晚年了，所以这一路陪伴儿子成长的一路上，多有担忧，关怀备至，特别是自己花甲之年还要为了开阔儿子眼界，让他接受新式教育，从外部寻找救国的路径，其中夹杂着家国天下情怀，怕是很多父母都难以做到的。不过不知这份父亲的心意，他的儿子张孝若能不能体察出来。

古语云：父母在，不远游。这是儒家孝悌伦常的基本道理，但有时候为了儿女或者家族的未来，父母也会送儿女外出寻求发展的空间。但对于张謇而言，从中状元的那一年开始，张謇家族的衣食住用已经完全没有问题了，之后实业教育所获得的诸多成功也不会让自己的家庭有任何的经济负担，但恰恰是这个时候，父亲没有把儿子留在身边，给自己养老送终，而是送儿子到外面的世界开眼界多闯荡，让儿子在新的社会学习更多的知识。这背后为的是未来。

晚年张謇送儿子外出读书的日子里，来往的书信当中自然也流露出了不少浓浓的牵挂。儿子外出游学游历，少则三两个月，多则好几年。在这分别的日子里，一封封家书承载的都是对儿子身体健康、路途平安的牵挂，对求学过程要克服困难的勉励，以及对与人交往、为人处世的训诫。张謇在家书中，几乎无话不说，直言不讳，把最真挚的意图毫无掩饰地表达出来，朴素而真实。

对于自己是张謇这位名人的儿子，张孝若曾经发出慨叹：做名人之子难。张謇其实对此早有认识和交代，他告诫儿子：你要知道你父亲是个名人，做名人的儿子并不容易。那些与父亲有世交的长辈们也都是有名望、有德行的人，要得到他们的赏识，实属不宜。儿子啊，你要懂得自重和自爱。

当然，张謇也不止一次地告诫儿子，应当用开放的胸怀去对待一切人事，这样才能做成大事，要有“振衣千仞岗，濯足万里流”的气概，这样就不会感到内心郁闷。

父亲去世之后，张孝若才明白这位名人父亲对于自己也和其他千万普通人家的慈父一样，有着无微不至的呵护、关爱有加，他自己曾说过：“我父只生我一子，自然爱护异常，何况四十多岁方才生我。所以望我成立做人，比什么也殷切，导我于正，无微不至。我有好几回离开我父，出外游学游历有事，少则三二月，多则一两年，我父总有家信给我：问我求学身体情形；告诉我国事家事怎样；叫我要注重农事；戒我勿热衷好名。严正之中寓慈爱之情，封封如此，我每回接到我父的信，都要看上几遍几十遍。”①

张謇的的确确是一位好父亲，在儿子张孝若眼中，张謇就不仅仅是那位嘘寒问暖的慈父，操心自己学业的严父，而是一位真正的儒士、雅士，更是一位胸中有民生大爱的实干爱国人士。这一点在张孝若给父亲写的传记中体现得淋漓尽致。

---

① 张孝若：《最艰难的创业者：状元实业家张謇传》，北京：新世界出版社，2016年，第364页。

第二节 碑刻家诫

1922年，69岁的张謇已经是一位迟暮老者，他早已知道人生不过七八十年的光景，待到自己作古之时，儿子也才刚到而立之年，孙子一辈的发展怕是自己难有机会看到了，因此，他在感怀万分之余，专门寻来古人的训诫之语，整编成为张氏《家诫》，以此来告诫子孙应该如何做人、如何做事、如何修养德行、如何继续事业。

一、家训传统

家训、家诫出现的历史，可以追寻到东汉。那个时期，世家大族普遍开始盛行这种家学。两汉时期出现了察举制，就是中央派官员对地方举荐的人才进行考察，如果考察对象人品贤良、孝廉或有才，就按照每年给各地的名额推举中央，授予官位，辅佐天子。那时候不但要看候选者的门第出身，而且为了真正能够找到有德行、有真才实学的国家栋梁，考察官员往往也对候选者在社会上的口碑、为人更加看中。因此，各世家大族为了让自己的儿孙能够进入官场，光耀门楣，自然就开始注重养成良好的家学风气。他们往往将儒学经典当中的精髓提取出来，结合生活中的为人处世，用更加通俗的解读来教导子孙，通过家庭成员之间彼此的感化、教化，树立良好的家风，确保家族在社会上不断继承和累积良好的名声。这些儒学经典所选取的标准，有时候并不像学者研究学问那样高深莫测，穷解章句，难以理解；家学的内容反倒是朴素自然，亲近家人的日常生活。此外，圣人之言有时候大而空，而且圣人离自己生活的时代久远，很难引起共鸣，反倒是自己亲近之人的处事经验能够更容易地发挥作用。正如《颜氏家训》在“序致”篇里所提到的那样，为何要编写颜氏自己的家训呢？因为只有与自己关系亲密的人所说的话，人们容易相信；自己敬佩的人所发出的指令，人们才愿意接受。例如，想要禁止儿童胡闹嬉笑，师友的训诫就不如保姆阿姨的指挥有效果；阻止一般人的争吵打斗，即使是尧、舜的教导方式也不如自己妻子的劝解有效。因此，与其一板一眼地去给人讲那些大道理，不如像保姆阿姨或自家妻子那样切实有效地去实施指导和教诲有用。正是出于这两点原因，家训在古代中国社会的大家族里都很盛行。

其实，在古代中国，家学与国家倡导的儒学在本质上是相互统一的，只不过家学中的家训、家诫，是自己的祖辈父辈在儒学经典的基础上提炼出来的精髓，连带上血脉亲缘关系，更容易让晚辈接受。所以，张謇的《家诫》也是在这样的背景下诞生的。张謇在一路伴随儿子成长时，除了给儿子选取了很多阅读的经典，到了最后总结自己一生的经验之后，还是觉得有必要给子孙留下最核心的训诫。之所以此时用了“诫”，而非当时惯常的“训”，我想是因为他知道自己没有更多的时间来陪伴儿孙们成长，无法像早年那样身体力行地去说服训导儿子，或是循循善诱，或是耐心讲道理，于是，当他感到自己无法再给儿子和孙儿们如此这般以无微不至的教导时，就只能用这个更带有强制性的“诫”来表达自己对儿孙的殷切劝诫、勉励与期待。那时候他是这样理解读书对于一个人一生的影响的：“一个人一生要定三个时期：三十岁以前是读书时期；三十岁到六七十岁，是做事时期；七十岁以后，又是读书时期。”石碑上精挑细选的几句话，既使对未满三十岁的儿子的劝诫，也可被看成是对将近七十岁的自己的敦促。自己的一生，虽然在中晚年干了很多大事，归根到底，自己其实还应是个读书人，是一个懂实业、心系家国天下太平的儒生。

张謇在62岁时撰写了自己的生平年谱，自称为“啬翁”，因为“啬”原本是指收割谷物的农事。可见他还是最认可对自己的农家出身。

二、张謇家诫

古代人立碑，是希望将重要的嘱托传于后世，这也是我们今天能够完整看到张氏家训的重要史料。张謇尤为重视他为儿孙选取的家诫内容，得来一块大石头之后，石碑的背面写着石头的来历，正面则请人凿刻上几句凝练人生阅历的话。相信这块石头，将张謇对儿孙的牵挂与关爱永久地承载下去。

张謇家诫碑现藏于南通博物院，下页图为实物照片。碑高160厘米，宽61.5厘米，厚9厘米。

家诫碑（正面）

家诫碑（反面）

此碑原本放在东奥山庄倚锦楼前的庭院里，因此又名为“倚锦楼石屏铭”。

家诫碑碑体的背面是序言，由张謇所作，刻有《倚锦楼石屏铭》，主要内容叙述了张謇因买山而得石，进而撰写家诫以教育子孙的过程。碑文内容是："买山得石，其白粲粲。磨治为屏，其直岸岸。曷云不缁，涅吾所逭。曷云不曲，挠吾不惯。铲虢去奇，赉镏却绚。家诫可书，子听亦便。月直削肩，云穿障面。企树当檐，隔花同院。自锲白谣，何劳苏赞。民国十年五月。"

下面我们再来详细看看碑体的正面张氏《家诫》的具体内容，看看状元是怎么教子，怎么用《家诫》来规范家族的精神追求，用《家诫》来营造良好家风的。

《家诫》的开篇，表达了这位状元老父亲的拳拳爱子之心，一切的出发点，都和古人一样，希望子孙后代能够继承事业。所以《家诫》截取古人一些教子的精髓。石碑上的刻文具体如下：

> 我之爱子孙犹之古人也，爱之而欲勉之，以进德而继业，亦犹古人也。与其述己意，毋宁述古人。乃掇古诫子语，书庭之屏，俾出入寓目而加省。若先世言行之足资师法者，自有述训在。

大意是：我爱子孙的心情其实和古人是一样的，既爱他们，也希望能够不断勉励他们，这样他们才能够在德行上有所进步，从而能够继承事业，像古人那样有所成就。给我的儿孙们讲述这些已经存在的大道理，不如直接陈述古人的字句。现在我选取一些古人诫子语刻在庭院的石屏风上，让家人们都能够时常看到这些训诫，而后加以反省自身的言行。假如这些古人的言论和行事的准则足以让我们去效法学习，我们自然可以追述不少此类的训诫。

> 董生有云："吊者在门，贺者在闾。"言有忧则恐惧敬事，敬事则必有善功而福至也。又曰："贺者在门，吊者在闾。"言受福

则骄奢，骄奢则祸至，故吊随而来。——汉·刘向《诫子书》

大意是：董仲舒曾经说，如果来致哀吊丧的人在家门口了，那么来贺喜的人也就在不远处的里门（胡同）。说的是，如果心中有忧虑，处事的时候就会小心谨慎，小心谨慎地为人做事，那么就一定会有善行和功德，这样福祉就自然而然到来了。董仲舒接着又说，如果家中有前来贺喜的人，那么那些致哀吊丧的人也就在不远处的里门了。这说的是，如果家中拥有了福祉，就变得骄纵奢侈，那么这种骄奢之风就会将祸害招入家中，这样吊唁慰问也就会随之而来。

君子之行，静以修身，俭以养德。非淡泊无以明志，非宁静无以致远。学须静也，才须学也，非学无以广才，非志无以成学。慆慢则不能励精，险躁则不能治性。——三国·诸葛亮《诫子书》

大意是：君子的行为举止应当做到内心宁静和勤俭节约，因为内心的宁静可以修炼自身的心性，而俭朴的生活能够滋养君子的德行。如果没有淡泊的欲望，那么就无法明确自己的志向；如果没有宁静平和的心态，就不能达成远大的理想。学习应当静心，想要拥有才干就必须通过学习。没有志向就没有办法学有所成，学习的过程怠慢则没有办法振奋精神，轻薄浮躁就不能陶冶性情。

言思乃出，行详乃动，皆用情实道理，违斯败矣。——魏·王修《诫子书》

大意是：自己说出的话，应该是经过深思熟虑的，自己的行动也是应当有详细周密的考虑。说话做事都要合情合理，如果违背这些原则，那就注定是要失败的。

百世小人，知读《论语》《孝经》，尚为人师；若能保书，终不为小人。谚曰：“积财千万，无过读书。”——隋·颜之推《颜氏家训》

大意是：在长久的历史当中，如果小人都能知道熟读《论语》《孝经》，那么他们也都可以为人师；如果能够一直保管这些经书，养成读书的好习惯，最终也不会再是小人。世间有这样的谚语：“积财千万都比不上读书。”

凡门地高，可畏不可恃。立身行己，一事有失，则得罪重于他人。门高则骄心易生，族盛则为人所妒。懿行实才，人未信之；少有疵累，人皆摈之。——唐·柳玭《柳氏叙训》

大意是：门第地位高贵，只会给人带来畏惧而不是有恃无恐。在安身立命的为人处世当中，如果在一件事上出现了失误，那么所招来的罪过就要比别人犯同样的错误严重得多。门第高则容易产生骄傲之心，家族昌盛则会被人嫉妒。他们平时的美德善行、真才实学，人们未必会相信，但稍微有一点儿差池或者美中不足，那么人人都会去指责。

立心以忠信不欺为主本，行己以端庄清静见操执，临事以明敏果断辨是非。——宋·胡安国《与子寅书》

大意是：确立自己的心性时应当以忠诚、信用、不欺骗为根本，行动时则应当以端正、庄重、清白、静心作为行事的原则，面临事情的时候应该以明理、敏捷、果敢、决断的方式来明辨是非。

勿妄与人接，只是勤俭。循之而上，有无限好事，吾不敢言，而窃为汝愿之。反之而下，有无限不好事，吾不欲言，而未免为汝

忧之。——宋·朱熹《与长子受之书》（有删改）

大意是：不要总是妄想着与朋友结交，要有所选择，最重要的其实只有“勤俭”二字。循着这条路往上，是否就能遇到无限美好的事情，我不敢随便说，但我心里悄悄希望你能这样去做，这样就能真的遇到无限美好的事情。相反，如果反其道而行之则会遇到很多不好的事情，虽然我可能不愿意直接地说出来，但却不能说我没有为你担忧。

如上所述，张謇所引的刘向、诸葛亮、王修、颜之推、柳玭、胡安国、朱熹七位名人个个都是大思想家，他们都在家庭教育方面有着精深独到的见解。取古人之法来整顿自家风气，这便是张謇的家教内容。

第三节　儿孙后代

对张謇而言，虽然儿子迟迟到来，但他还是希望儿子快快长大，早点成才。张謇预料到，如果按照古代的传统，男子在20岁加冠，那么等到儿子20岁时，自己已然垂垂老矣。因此，张謇对这个独子从小就细心照顾：为他挑选适宜的保姆、教员，为他挑选读书识字的书，回复一封又一封汇报近况和学业的家书，为他规划求学道路……作为父亲能做的他都做了，作为一代状元该总结反思的，他都一并体现在自己的育儿教育当中。

张孝若10岁的时候，就被送往青岛的德国学校求学，父亲嘱托他如何与人交往，如何交友，如何读书。之后张孝若又就读于上海震旦学院，接受更进一步的西式教育，打开眼界。1917年，19岁的张孝若到美国哥伦比亚大学学习，第二年获得商学学士学位，归国后参与父亲的事业。

20岁的张孝若学成归来，这让60多岁的老父亲感到十分欣慰。儿子年纪轻轻就参与了地方自治事业，同时出任淮海事业银行经理。应用自己所学知识组织自治会，将父亲一贯以民为重的理念运用到商业公司的组建中。张孝若建立自治会的目的，还是希望公司能够变成为全体民众造福的地方，他把肩负民众的生计责任看作是公司运营的根本，而抛弃追求“私利”。这让张謇感到儿子成熟了，张家几代人的朴实作风终于后继有人了，因此十分赞许儿子的做法。

这种自治公司调动了广大员工的积极性，也得到当时国内各个领域人士赞赏。1922年，张孝若继承父业，着手各国实业的考察，前后去过欧洲各国。没过两年，他又被任命为首任驻智利国的全权公使，但未就任。

一、“怡祖”来由

张謇的儿子名叫怡祖，这是张謇的老父亲给孙儿留的名字，只可惜怡祖出生时，爷爷张彭年已经过世，没有见到这个心心念想的孙儿。而张謇也因为老来得子，对这个儿子是百般喜欢。儿子自小就在张謇的文墨熏陶中，读书写字，熟读经书；恰逢社会上西学教育思想的引入，儿子又在日本教员的西式教育影响中长大。在父亲的精心培育下，儿子努力朝着父亲引导的道路前行，时常在外地学习。父亲为了让他能够更好地与社会上的朋友交流，于是给他起了一个字，叫“孝若”，希望自己的儿子进入社会后不忘祖先遗训，孝顺父母。1917年，张孝若到美国留学，而后学成回国，协助父亲创立了南通县自治会，这般实干的动力让张謇非常欣慰。1922年，张孝若获得政府支持，到欧美多国考察实业经验，在临走的时候，老父亲还亲力亲为，孜孜不倦地详细指导此次考察的规划和要点，嘱咐儿子要多听、多看、多问、多记，勤于收集见闻材料，做好整理。在此嘱咐下，张孝若一路考察下来，整理出了30万字的《考察欧美日本十国实业报告书》，给中国的实业之路提供了十分有价值的资料。1924年，他又获得政府任命，任驻智利国全权公使，成为民国时期颇有社会影响的“四公子”之一。

1926年，张孝若不忘父亲对治水的挂念，担任了扬子江水道委员会会长，想在治水上继承父亲的事业。不过，正是在这一年，张謇积劳成疾，终究还是抵不住身体的透支，离开了这个他给予厚重愿景的世间，看着一年年经过历练不断成熟起来的儿子，他只能把诸多未尽事宜托给了儿子。

张孝若遭遇父亲的离世，悲痛欲绝，这一年他才29岁，还未到而立之年，却要一个人扛起父亲留下的实业，真是无从下手。张謇的逝世不仅给家庭打击巨大，他生前所交往的社会各界人士、朋友以及南通的百姓都为之不舍。29岁的张孝若在社会各界的敦促下，闭门谢客，潜心收集父亲留下来的资料。好在张謇平时勤于动笔，每做一件事情、每到一处都会留下文墨，对于庞杂的资料进行整理和编撰之后，张孝若出版了《张季子九录》，给世人留下了可靠翔实的珍贵史料，同时在悲痛中不断追忆父亲生前诸事，写成了《南通张季直先生传记》，记录了自己拳拳孝敬之心。完成这两项整理工作之后，张孝若开始着手经营父亲留下的南通大业，用自己的积蓄和家业填补了企业经营停滞后所欠下的债务，使地方实业走上正轨，先后接任了大生纱厂董事长、大达轮船公司总经理、淮南各盐垦公司常务董事长、大陆报馆董事等职，接好了父亲手里的这一棒。在此过程中，他始终不忘父亲所热爱的教育事业，积极投身于各类文教，进一步推动教育事业的开展。这些事业一干就是近十年，虽然张孝若没有像父亲那样成为一个引领社会的实业改革家，但对改革事业的稳步推进也让张孝若无愧于父亲的嘱托。

二、爱国之家

张孝若曾记录了一件张謇与孙儿交往的小事。张孝若的儿子融武满一岁的时候，按照习俗要举行抓周仪式，抓周那天，大人都在，在小融武面前摆了各式各样的东西，有文具、用具，让他去拿。拿到什么，预示他将来专长于什么。融武小小年纪，什么都不懂，上来就拿起一面国旗在手里挥舞。作为爷爷的张謇，非常高兴小孙子的这种选择，赋诗表达了自己的欢喜之情：

戈睨不曾提，从容舞国旗。

他年能爱国，是我好孙儿。

爱国须读书，书能正人智。

但为敦敏人，不望露神异。

爱国之情，溢于言表。

虽然张謇只有张孝若一个儿子，但张孝若之后，张家儿孙却枝繁叶茂人丁旺盛。张孝若有四女三男，分别是非武、柔武、粲武、聪武四个女儿和融武、绪武、范武三个儿子，他们的成长都与国家命运或多或少地捆绑在了一起。张謇虽然没有亲眼所见，但这样的家风像是一种信仰，自觉地在家族当中代代相传。

张謇的儿媳陈开成，出身名门世家，祖上一辈都是为官清正的望族。1915年12月与张孝若成婚之后，感情一直很好。她思想进步，曾鼓励自己的女儿参加抗日活动。解放战争时期，还冒着生命危险保护和营救过共产党人王敏之，不但让她住到濠阳小筑开展地下活动，还积极为武装队员入城提供掩护场所，是一位很有担当的女性。此后，在张孝若意外被暗杀之后，她独自承担起了养育子女的重任，在兵荒马乱的年代下将孩子们一个个培养成才。

张謇的大孙女张非武毕业于通州女子师范学校，1937年投身到爱国救亡的运动当中，自发组织抗日救亡活动，与进步青年一同参加“义勇宣传队”，然后从军北上，参加抗日。这般爱国举动，应当是受到母亲陈开成的鼓励才得以养成。

二孙女张柔武也曾跟随姐姐参加过抗日活动，她曾为地下党人递送情报，用自己的声乐所长通过演唱抗日歌曲宣传抗日，引起海内外华人的共鸣。中华人民共和国成立后，她回到张謇所创办的通州师范学校任音乐老师。担任过中国致公党江苏省工委副主任委员、南通市政协副主席，积极筹办张謇研究会，为张謇文化研究做出了巨大贡献。

张謇和自己的二孙女张柔武曾经一同生活过七八年，张柔武对张謇也是有些童年时代记忆的。2000年，日本藤冈先生曾拜访过张柔武、张绪武，问一些父亲张謇对他们的教育问题，张柔武回忆说：“吃饭不是自己随意取的，而是事先分好。小时候不允许打牌。学龄前教育请家庭教师。父亲小时候请日本教师，兼做保姆。上学后放学回家就在花竹平安馆读书做功课，也有家庭教师。为了把我父亲培养成才，祖父选择品学兼优的学生陪读，那位陪读者即张梅安。祖父最恨有些人占公为私，家中有保存价值的物件要放到博物苑，不然总会有不肖子孙糟蹋掉。祖父对后代教育很重视，也很开明，孙子孙女一视同仁，留学的经费早就备好存入银行。”①

三孙女张粲武曾在通州女子师范学校学习，爱好标枪投射。小孙女张聪武活泼开朗，从小就参加学校的抗日救亡宣传。1938年4月，张聪武离家参加苏北抗日宣战队，不幸牺牲。中华人民共和国成立后，张聪武的骨灰被安放于南通烈士陵园。②

张謇晚年得孙张融武。张融武于1920年出生，那时候张謇非常高兴，还曾赋诗说道：“同辈屡见孙，迟迟我举子……”高兴之辞，溢于言表。张融武青少年时期常住上海法租界，受各方影响较深。后来到香港发展。他曾被聘为香港大学国文和国语教授，1984年在香港病逝。

张范武自幼聪明好学，写得一手好书法。19岁时与同学在石湖中划船游玩，不幸船翻落水身亡。

张绪武是张謇的幼孙，这个孙儿到来之前他就留下了两个备用名“荫武”“绪武”。陈开成认为，儿子将来长大了应该有一番自己的事业，努力靠自己来完成前人未完成的事业，不应依赖祖上的荫功，因此就取名为“绪武”。曾在上海震旦大学、南通纺织学院就读。1950年5月，张绪武于南通纺织学院毕业，毕业后北上锻炼，之后回到南通。后调任南通市纺工局副局长，一年后任南通市副市长。三年后调任江苏省副省长。20世纪90年代初调入北京，担任中国国际信托投资公司常务董事、副总经理、首席监事。曾担任第六届、第七届全国人大代表；第八届全国人民代表大会常

---

① 张謇研究中心编：《我与张謇研究》，苏州大学出版社，2014年，第77页。

② 陈有清：《灵椿老去丹桂传芳——张謇及其儿孙》，载《张謇研究》2011第11期。

务委员、全国人大经济委员会副主任；第九届全国人大法制委员会副主任、中华全国工商联合会常务副主席；第十届政协全国委员会常委、全国政协社会与法制委员会副主任、中华爱国工程首席副主席。

第六章

造福乡梓

有人说，回忆中的生活比现实中生活更具有宏观的现实感。的确，当我们追忆张謇曾经在中国近代所塑造的闪亮之光时，我们实际上是想再次去认证和区别，灰暗抑或闪耀，哪个词更适合近代中国。

当人们把目光投向了清廷、官方、整体来考察近代中国的幻灭时，则会忽略朴实之人的生活，人们总被浮躁的宣言口号所迷惑。历史上，不能遗忘的是那些倾己所能改变尽可能多的人的命运的人，就这一条标准，我们就决不能忘记张謇给那个时代、给通州的人民所带来的美好生活。在艰难岁月里，曾经带给别人美好生活的人，都不应该被遗忘，这是知恩图报的人性的最基本要求。

若不是造福一方，大多数的人也只有自己的子孙后代来纪念他。张謇是一个行走在天地之间的大德之道上的人，他通过自己的一番事业，真正践行了“天下之大德曰生”这句话。通过自己的一生追求，让大家真正看到，乱世当中一个读书人是如何在“德”之路上孜孜不倦地实践和探索。这就是张謇为何令人爱戴，为何值得这么多人追忆的原因。

多说无益，这一章我们将看到张謇曾在地方上做出的诸多业绩，从中体察张謇在自立、自强的精神自觉下所取得的阶段性成功。但要去深挖这些成就背后是否有更深层次的动力，就需要一种历史穿越式的想象，想象张謇一步步所走过的那个时代，然后仔细分析他正直清白为人背后的行动动机，只有将心比心地反复揣摩，才能大致概括出他是怎样的人，体味其至死不渝的精神信仰。“天地之大德曰生”，这大概就是最能反映张謇为人的一句话了。

第一节　故居遗址

1903年，在常乐镇西市张謇曾建造了扶海垞。张謇恩师翁同龢还为这个宅子题写了宅名，乡民们将其称为状元府。

从1895年开始，张謇就在南通奔波，近二十年忙于大生纱厂的事务，没有一刻停歇，在此期间，他没有一所像样的住宅，直到1915年，张謇才在南通濠河之畔建造了自己的私人住宅“濠南别业”，所谓“别业”是相对原来的状元府扶海垞而言，表达的不过是另外一个住所的意思。

濠南别业

濠南别业位于江苏海门市常乐镇状元街东端，是一座将园林和住宅融为一体的建筑群落，由著名建筑师孙支夏设计建造。这个建筑群的主体位于宅院中心，是一座英式四层高的楼房，以红色为基调，坐北朝南，共计2000多平方米。主体大楼被誉为中国近代吸收西洋建筑艺术的典型作品，录入《中国建筑史》中。此外，主体建筑的二楼和三楼现在已经被辟为南通张謇纪念馆的陈列室。而前文所提到的张謇家风代表作《家诫》石碑，就陈列在三楼厅堂。

张謇纪念馆

张謇纪念馆

第二节 地方业绩

“天之生人也，与草木无异。若留下一二有用事业，与草木同生，即不与草木同腐。”这是一句张謇晚年的独白，其中饱含了张謇视自己为草木的自谦心态。若是普通人，怕是有此成功人生则早已知足，可是张謇却遗憾未有更多的心力与时日，将地方实验的繁荣推广到全国，这才是他认为人生当中的未尽事宜。拳拳爱国之心，全部寄托在了这句“与草木同生，即不与草木同腐”的平实语句当中。

张謇创业所走过的路，每一步都是踏踏实实的，因为他知道，只有实业才能挽救中国。他在各个领域，都开创了很多中国第一。

他创办了中国第一所纺织专业学校，开中国纺织高等教育之先河；他首次建立棉纺织原料供应基地，进行棉花改良和推广种植工作；他以家乡为基地，努力进行发展近代纺织工业的实践，为中国民族纺织业的发展壮大做出了重要贡献。

张謇的一生创办了20多个企业，370多所学校，为中国近代民族工业的兴起、教育事业的发展做出了不朽贡献，成了人们口中名副其实的“状元实业家”。

“一个人办一县事，要有一省的眼光；办一省事，要有一国之眼光；办一国事，要有世界的眼光”，这是张謇的实业理念。张謇以实业为基础，并努力经营，在南通取得了举世瞩目的耀眼成绩。据《南通县图志》记载，1920年，南通县的唐闸(俗称唐家闸)人口近万户，已接近5万人。通扬运河沿岸工厂林立，商业繁荣。有人曾看到过当年国外发行的世界地图，地图上连中国许多大城市都没有被标记，却在南通这个地理位置则赫然印着“唐家闸”三个字。如此一个弹丸小镇，却因为张謇进入了世界的视野，南通成了“中国最进步的城市”，是“理想的文化之城”“新世界的雏形”。仅此一点，就让南通人十分感动和自豪!

张謇在小小南通，干了这么一番大事业，只为一个信念：将民生系心间，以“生计”为出发点，用农工商寻出路。他的的确确用自己的身体力行向世界证明，中国的救国之路在于脚踏实地地干实业；向世界证明，中国不仅仅可以自救，还可以通过努力获得举世瞩目的成功，中国从不比别人差!

下面是张謇创办的公司的部分图片。

大生纱厂

通海垦牧公司

通海垦牧公司

资生铁冶厂

下面是张謇创办的学校、医院、慈善机构的情况。

1.通州师范学校

1902年，张謇在通州城东南已荒废的千佛寺办起了学校，这就是通州师范学校。1903年4月27日学校正式举行了开学典礼，这是民间师范教育的开端。

师范学校是教师的培养基地，为了适应时代之需，课程设置有伦理

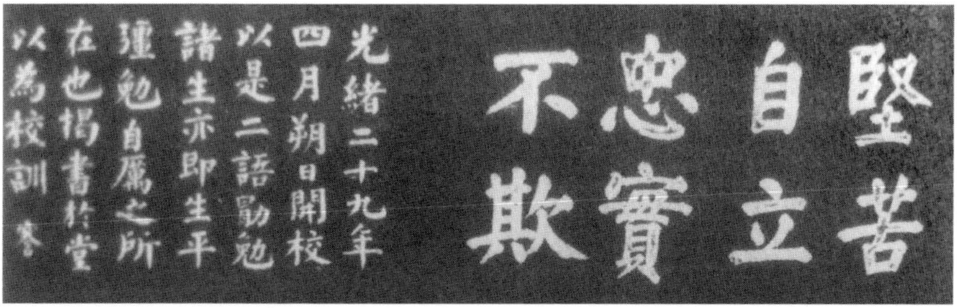

师范学校校训

通州师范学校

育婴堂保姆与儿童

（西洋伦理学史）、汉文典、算术、图画（用器画）、体操等，学校按照西方学制设四年制的本科，并附设实验小学。

2.育婴堂

1904年，张謇开始向社会各界筹资兴建慈善育婴堂，为了筹措资金，不惜多次卖字。通州城内原本有一所旧的育婴堂，但是房屋简陋，管理混乱，整体环境不利于儿童的身体健康，所以张謇考虑另外寻觅一个地方建造新育婴堂，后来选址在环境优雅、空气洁净的唐闸河东一带。1906年，新育婴堂落成，开始收养弃婴，该育婴堂可收容1200名儿童。

3.医学院及南通医院

张謇先用大生纱厂赚来的钱先建立了医学院。1913年，张謇又购买了医学专门学校南边的土地，建立了南通医院，目的是为了给医学院的学生实习用，同时还可以为社会提供医疗服务。

南通医院有专门的诊病室、手术室、产科室和病房等，还添置了一批

张謇给医学院题的校训

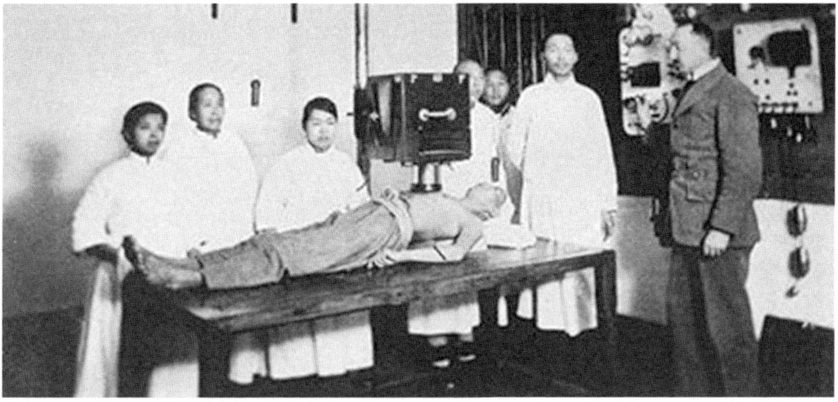

南通医院X光室

较先进的诊疗设备。医院分内科（附妇科、儿科）、外科（附产科）、皮肤科、眼耳鼻喉科（附齿科）及X光科等。病室分三等，贫穷者诊病可免费。南通医院还在唐闸和金沙设有分院，医务人员主要为南通医学专门学校的毕业生。

张謇创办南通医学院的时候，初衷正如校训所言，希望能够贯通中医和西医，最终的目的是希望能够用医学来救助病人，弘扬慈心善意。在创办之初，他就开办了中医专业，并且倡导西医来学习中医课程，然后中医专业毕业的学生再去学习西医，希望能够寻找到一条中医、西医结合之路。例如，他鼓励研究小组用化学的分析方式来分析中药的成分，但因为经费不足而未能实施。不过，这样的中医办学思路，应该说在当时具有非常高的远见。虽然张謇不懂医学，但他愿意多听、多学、多了解，保持开放积极的心态，鼓励医学院的师生大胆地尝试，这于那个时代而言，是非同一般的领导者的魄力。可惜后来医院被迫停办。

4.南通养老院

1912年，张謇借自己六十寿辰的时机，向朋友和社会各界人士筹措资金，在南通城南建设了一所养老院，收养那些生活无依靠的孤寡老人。这是一所私人养老院，到1913年基本建成，而建设的经费和日常开支都由张謇承担。

养老院占地1.75亩，内分男院和女院，有食堂、浴室、废物室、洗衣室等。另有诊病及储藏、接待、管理、看守室等。老人入院后直至去世棺殓安葬，一切均由院方负责料理。

南通养老院

残废院

5.残废院

1912年，张謇在狼山盲哑学校旁筹建了南通残废院，这是一项人道主义事业。这所残废院直到1916年才建成。该院专门收养残疾人，院内有男工场、女工场，依据实际需要为残疾人安排一些力所能及的工作，入院后残疾人的衣食全由院方提供。经费来源除狼山庙的田租、香火收入及残疾人从事力所能及的劳动收入外，不足由张謇资助。

张謇创办这所残废院的原因是，他曾看到有残疾人在沿街乞讨，其后还引来非残者用类似的方式来乞讨谋财，造成了一种很坏的社会风气，积成恶习，于是他决定建立残废院来改变这样的状况。

6.栖流所

1916年，张謇兄弟捐资建立了栖流所，主要是为收留流浪于社会的乞丐而创办的。栖流所收留乞丐之后，会教授这些乞丐一些基本的谋生技能，然后分散到各处自己寻找生机，摆脱纯粹的乞讨生活。

栖流所还有专门收容精神病患者的区域，目的是让这些患者能够得到适当的照料，同时也避免了扰碍社会。

为了更全面理解张謇辞官之后所进行的事业，我们有必要尽可能全面地用一张表清晰地罗列张謇在南通亲力亲为的各种努力。当然这其中

栖流所

的创业意图尤其值得我们今天去深刻体察和反思，这里面所探寻出来的创业之路非常值得我们重新思考那个年代南通对于近代中国的意义所在。张謇，在今天的某些人眼里可能是个弃官从商、游走于官商两界的成功商人，但如果我们能跨越时空的界限回到那个时代，那么张謇在那个时代的人眼里，绝不是一个商人，他被民众信赖，在社会中有很高的威望，但凡因他而创办的事业，总能给人以信心。

这个世界上即使是今天的商人，也不会花费大量的精力在社会各行各业去建上百个工厂和公司，更不会在毫无盈利的情况下去修路、修桥和建公园，他建数百所学校培养人，而且还建监狱、戒毒所来改造人，不仅建医院保证人们的身体健康，还为社会处于不利境遇的贫困者、残疾者建立栖流所、残废院……张謇究竟是一个什么样的人？唯有通过对他全部事业的整体考察才能得出正确的答案。

张謇，只不过是借用了商人的身份，去办了一件改变天下的大事情。正因为有了实业作为基础，才能真正实现自己最初以教育改变社会的士大夫理想。因此，张謇才提出了“父教育，母实业”的主张。

张謇地方事业一览表①

创办时间	机构名称	地址
1895年	通州大生纱厂	南通唐闸镇

① 本表原本意图是为了将张謇后半生的事业囊括其中，张謇先生的业绩甚是丰富，因此本表在主要参考张绪武先生《我的祖父张謇》一书基础上，结合其他资源有所增补，其中对机构分类进行了适当调整归类。

（续表）

创办时间	机构名称	地址
1897年	大生沪事务所	上海
1904年	崇明大生分厂（大生二厂）	启东久隆镇
1906年	通海实业公司	南通
1910年	大生公司	上海
1915年	海门大生第三纺织厂	海门三厂镇
不详	大生六厂	不详
不详	大生淞厂	不详
1915年	大生织物公司	南通唐闸镇
1914年	棉业第二试验场	南通城南
不详	新农纱厂	不详
不详	中国纺织机器制造特种股份公司	不详
不详	苏棉企业股份有限公司	不详
1920年	大生第八纺织股份有限公司（大生第一纺织公司副厂）	南通城南
1920年	南通绣织局	南通城南
1920年	南通绣织局分局	美国纽约
1920年	南通绣品公司	上海
不详	大生第一纺织公司电厂	不详
1922年	纺织管理处	南通城西
1901年	通海垦牧公司	启东海复镇
1903年	同仁泰盐业公司	启东吕四镇
1908年	大咸盐栈	南通城西

（续表）

创办时间	机构名称	地址
1913年	大有晋盐垦公司	通州三余镇
1915年	大赉盐垦公司	海安角斜镇
1916年	大纲盐垦公司	不详
1917年	大豫盐垦公司	如皋掘港镇
1917年	阜余垦殖公司	盐城阜宁县
1917年	华成盐垦公司	不详
1918年	新通垦殖股份有限公司	盐城阜宁县
1918年	合德垦殖公司	盐城射阳县
1918年	泰和盐垦股份有限公司	不详
1918年	大佑盐垦股份有限公司	盐城郊区
1919年	遂济盐垦公司	盐城东台市
1919年	耦耕垦殖公司	盐城阜宁县
1919年	通遂盐垦股份有限公司	盐城东台市
1919年	中孚盐垦公司	盐城东台市
1920年	新南垦殖公司	盐城响水县
1920年	合顺垦殖公司	盐城阜宁县
1920年	淮丰垦殖股份有限公司	盐城海滨县
1920年	大阜垦殖公司	盐城阜宁县
1922年	裕华盐垦公司	盐城大丰市
不详	东兴垦殖公司	不详
不详	华泰盐垦公司	不详

（续表）

创办时间	机构名称	地址
不详	新灌垦殖公司	不详
不详	新农垦殖公司	不详
不详	华丰垦殖公司	不详
不详	泰源垦殖公司	不详
不详	通兴垦殖公司	不详
不详	海州海赣垦牧公司	不详
不详	新垦会	不详
1922年	盐垦管理处	南通城南
不详	淮南盐垦各公司联合会	不详
不详	通泰各盐垦公司董事会会议联合办事处	不详
不详	淮南盐垦十六公司总管理处	不详
1901年	上海大生轮船公司	南通
1902年	大中通运公司	海门
不详	大中公行（大中驳船）	不详
1903年	大达内河轮船股份有限公司（大达小轮公司）	南通唐闸镇
不详	天生港大达码头	不详
1903年	吕四渔业公司	启东吕四镇
1904年	通州天生港大达轮步公司	南通天生港
不详	上海十六铺大达码头	不详
1904年	吴淞江浙渔业公司	上海
1905年	通州泽生外港水利公司	南通唐闸镇

（续表）

创办时间	机构名称	地址
1906年	南通县通海达通航业转运有限公司	南通天生港
1917年	通属七场水利总会	南通城南
1917年	南通县水利会	南通城南
不详	通海河水利工程委员会	不详
1918年	海门大达趸步公司	海门
不详	中比航业贸易公司	不详
不详	左海实业公司	不详
不详	中国海外航业公司	不详
1921年	新通贸易股份有限公司	上海
1905年	港闸路	南通
1910年	城闸路	南通
1912年	城山路	南通
1913年	城港路	南通
1914年	马路工程局	南通
1919年	路工处	南通城西
1921年	通海公路	南通
1920年	跃龙桥	南通城南
不详	大洋桥	南通唐闸镇
1919年	公共汽车公司	不详
1920年	通海汽车公司	南通
1920年	青龙港铁路（青扬轻便铁路）	海门

（续表）

创办时间	机构名称	地址
不详	苏省铁路公司	不详
不详	中国铁工股份有限公司	不详
1908年	农会	南通城南
1912年	农会事务所	南通城南
1915年	桑园	南通城北
1916年	天生菓园	南通天生港
不详	五山苗圃	南通城南
1901年	大兴面厂	南通唐闸镇
1903年	广生榨油股份有限公司	南通唐闸镇
1909年	通州大兴机器磨面厂（复新机器面粉有限公司）	南通唐闸镇
1912年	大达公电机碾米公司	南通唐闸镇
1920年	中华国民制糖公司	不详
不详	海州赣丰饼油公司	不详
1902年	大隆皂厂	南通唐闸镇
1903年	阜生蚕桑染织公司	南通唐闸镇
1903年	通州资生冶厂股份有限公司	南通唐闸镇
1905年	资生铁厂	南通唐闸镇
1918年	大陆制铁公司	江西
1902年	翰墨林印书局股份有限公司	南通城南
1904年	镇江开成铅笔厂	镇江
1905年	颐生酿造公司（颐生酒厂）	海门常乐镇

（续表）

创办时间	机构名称	地址
1906年	颐生罐诘公司	启东吕四镇
1908年	大昌纸厂	南通唐闸镇
1908年	徐州耀徐玻璃厂	宿迁
1909年	南通电灯厂	不详
不详	镇江大照电灯厂	不详
不详	皋明电厂	不详
1911年	大维公司	武昌
1913年	南通大聪电话有限公司	南通城内
1917年	南通通明电气公司	南通城西
1920年	天生港电厂	南通天生港
1919年	通燧火柴公司	南通天生港
不详	大生苏工染厂	不详
不详	景德镇江西瓷业公司	不详
不详	大润灰厂	南通城郊
不详	兴通打包厂	不详
1919年	大山砂石公司	南通天生港
不详	中心制药厂股份有限公司	不详
1904年	通崇海泰总商会	南通城内
1907年	商品陈列所	南通城西
1909年	自治研究所	南通
1920年	南通各实业总稽核所	南通城南

（续表）

创办时间	机构名称	地址
不详	南通实业总管理处	不详
不详	江苏实业股份有限公司	不详
不详	兴通号股份有限公司	不详
不详	兴通信托股份有限公司	不详
不详	南生行	不详
1911年	保坍会	南通芦泾港
不详	怡太产物保险公司	不详
不详	江苏产物保险股份有限公司	不详
不详	上海市工厂员工消费合作社联合社	不详
不详	民享企业公司	不详
1913年	惠通公栈	南通城西
1917年	大储一栈	南通唐闸镇
1918年	上海大储堆栈股份有限公司	上海
不详	大储二栈	南通天生港
不详	大储四栈	海门
不详	大储七栈	启东久隆镇
不详	南通大储堆栈打包公司	不详
1918年	大同钱庄	南通城南
1919年	淮海实业银行	南通城南
不详	南通实业银行	不详
不详	通海五属学务处	不详

（续表）

创办时间	机构名称	地址
1913年	张徐私立第一幼稚园	南通唐闸镇
1914年	女师附属幼稚班	南通城内
1917年	张杨私立第二幼稚园	南通城内
1920年	张吴私立第三幼稚园	南通城南
1904年	市立常乐镇国民初等小学	海门常乐镇
1905年	通州公立第一高等小学	南通城南
1905年	唐闸私立实业小学（唐闸实业公立艺徒预教学校）	海门常乐镇
1905年	张氏私立第二初等小学	海门常乐镇
1906年	张徐私立常乐第三初等小学	海门常乐镇
1906年	通州民立师范学校附属小学	南通城南
1906年	南通女子师范附属小学	南通城内
1907年	张沈私立常乐第四初等小学校	海门常乐镇
1914年	张徐私立女子初等小学校	海门常乐镇
1914年	张邵私立常乐高等小学校	海门常乐镇
1918年	私立敬孺高等小学校	南通唐闸镇
1920年	垦牧乡高等小学	启东海复镇
1926年	女子师范纪念小学	南通城南
不详	大生副厂职工教育社、大生副厂职工子弟小学	不详
不详	私立唐闸工人子弟小学	不详
不详	大生纪念小学	不详
1906年	通海五属公立中学	南通城内

（续表）

创办时间	机构名称	地址
不详	私立实业敬孺中学	不详
1907年	通州中学内开设国文专修科	南通城内
注：根据《南通地方自治十九年之绩》记载，1914年已经建成初等小学215所。		
1902年	通州师范学校	南通城南
1907年	通州女子师范学校	南通城内
1907年	南通师范学校	南通城
不详	两淮师范学校	扬州
不详	母里师范学校	盐城东台市
1913年	盲哑学校师范科	南通城南
1912年	妇女宣讲会	南通城南
1913年	保姆传习所	南通唐闸镇
1914年	女工传习所	南通城南
1919年	伶工学社	南通城南
1920年	女子蚕桑讲习所	南山闸桥
1920年	发网传习所	军山奥子圩
1907年	私立农业学校	南通城南
1912年	私立南通医学专门学校	南通城南
1912年	南通私立纺织专门学校	南通唐闸镇
1915年	河海工程专门学校	南京
不详	土木工科测绘特班	不详
1913年	镀镍传习所	南通唐闸镇

（续表）

创办时间	机构名称	地址
1909年	南通私立乙种商业学校	南通城内
1914年	南通私立甲种商业学校	南通城南
不详	震旦学院	不详
1905年	复旦公学（张謇与马相伯创办，即今复旦大学的前身）	吴淞
不详	私立南通学院（即今南通大学）	不详
不详	南京高等师范学堂	不详
不详	中华职业学校	不详
1906年	吴淞商船学校	上海
1909年	上海高等实业学堂船政科（也叫吴淞商船专科学校）	吴淞
1912年	河海工程专门学校（即今河海大学前身）	不详
1912年	江苏省立水产学校	老西门
1912年	吴淞水产学校	上海
1913年	吴淞水产专科学校（上海海洋大学的前身）	吴淞
1913年	狼山盲哑学校	南通城南
1917年	张謇支持下同济医工学堂（同济大学的前身）在吴淞复校	
1921年	上海商科大学	上海
1905年	南通博物苑	南通城南
1906年	法政讲习所	上海
1907年	教育会	南通城南
1909年	银行专修学校	南通城内

（续表）

创办时间	机构名称	地址
1909年	监狱学传习所	南通城内
1909年	改良监狱	南通城内
1909年	巡警教练所	南通城内
1914年	南通实业警卫团	南通唐闸镇
1912年	南通图书馆	南通城南
1912年	通俗教育社	南通城南
1919年	更俗剧场	南通城西
1914年	二吾照相馆	南通城内
1919年	中国影片制造股份有限公司	南通城南
1905年	南通育婴堂	南通唐闸镇
1913年	南通养老院	南通城南
1914年	南通济良所	南通城内
1914年	贫民工场	南通城西
1914年	义茔	南通城东
1916年	残废院	南通城南
1920年	戒毒所	南通
1921年	教养公积社	南通城南
1922年	养老院	海门常乐镇
1922年	第三养老院	南通城南
不详	南通张啬公创立慈善事业总管理处	不详
不详	张季直先生手创教养事业复兴委员会	不详

（续表）

创办时间	机构名称	地址
1913年	医学专门学校附属医院	南通城南
不详	南通医学专门学校附属医院	不详
不详	南通县劳工医院	不详
1914年	大生职工医院	南通唐闸镇
不详	大生医院	启东久隆镇
1906年	测候所	南通城南
1913年	南通军山气象台	南通城南
1916年	气象台	不详
1909年	商业体操会	南通城内
1913年	唐闸公园	南通唐闸镇
1917年	南通五公园	南通城南
1917年	公共体育场	南通城南
1922年	第二公共运动场	南通城南
不详	江苏文化股份有限公司	不详
不详	上海国民出版社股份有限公司	不详
不详	参与上海《申报》创办	不详

第三节 大事年谱

《三字经》里有这样两句话：“高曾祖，父而身。身而子，子而孙。自子孙，至玄曾。乃九族，人之伦。”追溯张謇家族，第十二世张元臣，这应当是张謇的高祖。张元臣有个儿子叫张文奎，即张謇的曾祖。张文奎有三个儿子，最小的儿子就是张謇的祖父张朝彦。张朝彦的大儿子叫张彭年，张彭年是张謇的父亲。对于张謇而言，能够追溯到高曾祖，也算是家族有根了。张謇的独子叫张孝若，张孝若膝下有四女三男，此后家族后代枝繁叶茂，世代相传。由于张氏家族的曾祖以上，未曾有过读书人，因此关于家族年谱的记录十分缺乏，直到张謇这代，才有了翔实的记录。下面只能在有限的史料记录中，按照时间顺序搜集编织张朝彦、张彭年的大事年谱，详略难以得当，不免简陋，只能寄托未来史料的发掘。

张朝彦

1788年生。

年幼时，曾念私塾。

9岁，丧父。

在此期间，母亲依旧供其读私塾。

16岁，丧母，此后离开私塾。

18岁，痴迷赌博。

20岁，作为上门女婿成婚。

59岁，在西亭自建宅屋。

60岁，因为变故，欠下周氏欠款。

61至63岁，遭遇灾荒，瓷器经营也遭遇困境。

1851年，64岁，家宅作抵还款，儿子各奔前程，家庭分崩离析。

……

张彭年

张彭年，字润之。

嘉庆二十三年（1818）农历正月十一日出生。

1864年，在常乐的屋宅外别置一室，作为儿子们读书的书斋。

1878年，捐助豫、晋赈灾。

1884年，张彭年让张謇散财赈灾。

光绪二十年（1894年10月15日）农历九月十七日，卒，享年76岁。卒后葬于通州城东文峰塔河南，张謇撰写墓志。

张謇[①]

咸丰三年（1853）农历五月二十五日卯时，出生于海门常乐镇敦裕堂前进西室。

咸丰六年（1856），3岁[②]，海门发生蝗灾，倚槛击蝗。是年冬天，父亲张彭年始教《千字文》。

咸丰七年（1857），4岁，入邻居邱畏之先生私塾读书。取名吴起元。

咸丰八年（1858），5岁，仍从邱畏之读书。

咸丰九年（1859），6岁，仍从邱畏之读书。仲兄溺水身亡，年10岁。

咸丰十年（1860），7岁，仍从邱畏之读书。祖母病故，与三哥（张詧）习字记小账。

咸丰十一年（1861），8岁，仍从邱畏之读书。

同治元年（1862），9岁，仍从邱畏之读书。

同治二年（1863），10岁，仍从邱畏之读书。读完《三字经》《百家姓》《神童诗》《酒诗》《鉴略》《千字诗》《孝经》《大学》《中庸》《论语》《孟子》等启蒙书籍。

同治三年（1864），11岁，张彭年专门盖了“仿陶书屋”，聘请通州西

---

① 庄安正：《张謇大事年谱》，吉林人民出版社，2003。

② 年龄主要参考“啬翁自订年表”。“啬翁自订年表”里，张謇依据惯例都采用虚岁自述，本书年表则是按照实际年龄编订，即出生后次年生日才算作一岁。

亭宋蓬山先生教授他和三哥、五弟读书。兄弟三人自任洒扫庭除。宋先生检视前所读书，音训句读多误，授令重读。一日，有个公差骑马从家门口经过，先生出上联“人骑白马门前去”，要三兄弟应答，张謇应对“我踏金鳌海上来”。先生和父母均大喜。

同治四年（1865），12岁，仍从宋蓬山先生读书。读完《论语》《孟子》《诗经》《尚书》《周易》《孝经》《尔雅》。学作五言、七言诗，始习试帖、制艺。

同治五年（1866），13岁，读《礼记》《春秋左传》，制艺成篇。六月，宋蓬山病逝。从学西亭宋紫卿先生。

同治六年（1867），14岁，仍从学西亭宋紫卿，读《周礼》《仪礼》。

同治七年（1868），15岁，仍从学西亭。以如皋张驹之孙的身份，改名张育才，应如皋县、州、院试皆中，取二十六名附学生员。

同治八年（1869），16岁，仍从学西亭。读《纲鉴易知录》《通鉴纲目》。如皋张氏以“冒籍考试”敲诈勒索，謇苦于应付。

同治九年（1870），17岁，仍从学西亭，科试一等十六名。乡试未中。冬，订婚海门徐氏。

同治十年（1871），18岁，从学海门训导无锡的赵鞠泉。读桐城方苞所选《四书文》《朱子四书大全》及宋儒书。因“冒籍”事苦于勒索，家实不支，自行检举，请褫衣顶归原籍。

同治十一年（1872），19岁，仍从学海门赵先生，读《资治通鉴》。为归通州原籍事，时在海门，时至如皋，一岁殆无宁日。

同治十二年（1873），20岁，仍从学海门赵先生，读《三国志》《方望溪集》《姚惜抱集》。“冒籍”事了结，以如皋生员归通州原籍。科试取一等第十五名。乡试未中。兄弟析产分居。始有日记。

同治十三年（1874），21岁，张謇应孙云锦之邀，任江宁发审局书记。岁试获一等四名。同年年底与同乡徐端结婚。

光绪元年（1875），22岁，借住惜阴书院肄业，以避发审局同事忌妒。恩科乡试未中。

光绪二年（1876），23岁，仍借住惜阴书院肄业。四月应科试，经古制艺正复四场皆第一，补廪膳生，不应优行试。闰五月，入吴长庆军幕任机要秘书。

光绪三年（1877），24岁，仍在吴长庆幕，年末更名张謇。

光绪四年（1878），25岁，仍在吴长庆幕。

光绪五年（1879），26岁，仍在吴长庆幕，五月应科试，经古制艺正复四场，皆第一，优行试亦第一。后应总督、巡抚、学政三院会考优行生试，取第一。乡试不中。年末生母金太夫人病逝。

光绪六年（1880），27岁，仍在庆军幕府。冬，随军移驻山东登州、黄县。

光绪七年（1881），28岁，仍客军幕在登州。读《老子》《管子》《庄子》。吴长庆嘱其为袁世凯正制艺。

光绪八年（1882），29岁，朝鲜爆发“壬午兵变”，张謇随军“理画前敌军事”，参与重大军事决策。著有《朝鲜善后六策》等。

光绪九年（1883），30岁，仍在汉城军幕。八月叔兄詧在汉城军中。

光绪十年（1884），31岁，吴长庆病逝，张謇回到故乡。协助地方办滨海渔团、散赈平粜、设立社仓、引导乡邻种桑养蚕等社会事业。

光绪十一年（1885），32岁。应顺天府乡试，中“南元”。结识主考官翁同龢，并与之建立了深厚的师生情谊。

光绪十二年（1886），33岁。会试不中。读《管子》《晏子》。

光绪十三年（1887），34岁。为乡里兴蚕桑。五月，孙云锦调任开封知府，再次邀请入幕。八月中旬，黄河在郑州附近决口，謇奉命察看灾情，草拟《疏塞大纲》，未被河南巡抚倪文尉采纳。年末张謇告别孙云锦踏上南归之路。

光绪十四年（1888），35岁，应邀出任赣榆县选青书院院长，兼修县志。为海门恢复溥善堂。

光绪十五年（1889），36岁，作《棉谱》。参加会试，不中。

光绪十六年（1890），37岁，应礼部会试，荐而不中。

光绪十七年（1891），38岁，至东台校县试卷，修县志。

光绪十八年（1892），39岁。会试不中，乃尽摒试具。

光绪十九年（1893），40岁，营柳西草堂。任崇明瀛洲书院院长。

光绪二十年（1894），41岁。应甲午恩科会试，取一甲一名进士，高中状元，例授翰林院修撰。同年农历六月，中日甲午战争爆发，北洋海军惨败。单独上疏，痛斥李鸿章“战不备，败和局”，请求朝廷“另简重臣，以战求和”。重阳之后，父亲去世，南归奔丧。

光绪二十一年（1895），42岁，总办通海团练。应张之洞之聘掌江宁文正书院。辞崇明瀛洲书院。

光绪二十二年（1896），43岁，应安徽巡抚沈秉成之聘兼任安庆经古书院院长。与两江总督刘坤一议筹划兴建通州纱厂。

光绪二十三年（1897），44岁，掌文正书院。定《厂约》。

光绪二十四年（1898），45岁。独子张孝若出生。仍掌文正书院。为刘坤一拟《开垦海门荒滩奏略》。农历四月二十五为翁同龢拟《大学堂办法》。任江苏商务局总理。

光绪二十五年（1899），46岁，任学部咨议。四月，大生纱厂开车纺纱。

光绪二十六年（1900），47岁，仍掌文正书院。

光绪二十七年（1901），48岁，建立通海垦牧公司。

光绪二十八年（1902），49岁，议建广生油厂。筹建通州师范学校。

光绪二十九年（1903），50岁，常乐镇扶海垞西垞开工。暮春，赴日本参观大阪博览会。仲夏，筹建同仁泰盐业公司、吕四渔业公司。移居常乐镇扶海垞西垞。

光绪三十年（1904），51岁，任商部头等顾问官。筹建上海大达外江轮步公司、天生港轮步公司。筹建大生二厂。创办南洋渔业公司、江浙渔业公司。于唐闸建育婴堂。创办海门常乐镇初等学校。设翰墨林印书局。

光绪三十一年（1905），52岁，创办资生铁冶厂。任江苏教育会会长。创办中国历史上第一个博物馆——南通博物苑。

光绪三十二年（1906），53岁，任江苏铁路公司协理。筹办南通五属中学。创办吴淞商船学校。建常乐颐生酒厂。

光绪三十三年（1907），54岁，任宁属教育学会会长。大生第一厂第一次股东大会。开始筹办通州女子师范学校。

光绪三十四年（1908），55岁，暮春，张謇夫人卒。

宣统元年（1909），56岁，春，当选江苏咨议局议长。入秋，推为中国图书公司总理。计划筹建江西瓷业公司。

宣统二年（1910），57岁，倡导举办“南洋劝业会”。

宣统三年（1911），58岁，南京临时政府成立，张謇被推举为实业部总长。

1912年，59岁，因不同意临时政府以汉冶萍公司向日本抵押贷款，辞去实业总长职务。在南通倡建第一养老院。规建医院、残废院、贫民工厂、盲哑学校、图书馆。任导淮督办。

1913年，60岁，任北洋政府农商部总长、全国水利局总裁。在南通创办大聪电话公司。规筑军山气象台。筹建第一幼稚园、常乐女子初等小学。

1914年，61岁，创办南通济良所，收养、改造妓女。成立大有晋盐垦公司。

1915年，62岁，南通被民国政府公布为“模范县”。创办通燧火柴公司。冬，辞去农商总长、水利局总裁等职务，彻底退出政坛，一心从事实业、教育、慈善等地方自治事业。

1916年，63岁，推举为中国银行股东联合会会长。设立南通警察局、南通栖流所。

1917年，64岁，修葺南通江畔军山、剑山、狼山、马鞍山、黄泥山上的古建筑，新增了“有有亭”“我马楼”等景点，加强五山古木的保护措施。在南通城内，修建了功能各异的东、西、南、北、中五座公园。创建了公共体育场，创办了通明电气公司，南通城与唐闸镇开始用电照明。成立了南通水利会，规划实施南通地区水闸、涵洞建设和河港疏浚整治工程。在上海、南通、海门等地建立大储站，拓展物流业。兴建华成盐垦公司。

1918年，65岁，主张国际税法平等会在上海成立，张謇被推举为会长。兴建大丰、大祐盐垦公司。

1919年，66岁，规划商定海门常乐第三纺织厂。修建了“曹公祠”“京观亭”“渡海亭”等纪念性建筑。创办中国第一所戏剧学校——伶工学社，建立更俗剧场。创办天生港大山砂石公司。兴建通遂盐垦公司。开办南通公共汽车公司。

1920年，67岁，南通绣织局与女工传习所同时落成。经大生股东大会决定，成立南通淮海实业银行。兴建新南盐垦公司、南通大学基产处。

1921年，68岁，在天生港、海门等处设立公共汽车分公司，汽车可从常乐镇、垦牧乡和白蒲等镇抵达南通。南通公路实现700里全县通车。七月，任远东运动会名誉会长。

1922年，69岁，创建南通第三养老院。召开盐垦股东会议，决议设立盐垦纺织总管理处，以应付危机。

1923年，70岁，自订70岁前《年谱》。举行大生纱厂股东大会，大生集团面临深重危机。

1924年，71岁，各公司开董事会，应付危机。

1925年，72岁，开会追悼孙中山，发表演说。

1926年，73岁，购沙田作为男女师范基产。参加女子师范学校二十周年纪念会，发表演说。五月视察南通保坍工程。农历七月十七日，病逝，葬于陆洪闸袁保圩，后人称其墓地为“啬公墓”。

张孝若

光绪二十四年（1898），作为张謇的独子出生。

1915年，17岁，与名门淑媛陈开成结婚。

1916年，长女张非武出生。

1917年，19岁，去美国哥伦比亚大学学习。

1918年，20岁，毕业于美国哥伦比亚大学商学院，获得商学学士学位。回国后辅佐父亲。

1919年，次女张柔武出生。

1920年，长子张融武出生。

1921年，三女张粲武出生。

1922年，24岁，继承父业，开始被北洋政府任命为考察专史，赴欧洲及美、日等九国对实业考察。小女张聪武出生。

1924年，26岁，被任命为首任驻智利国全权公使，但未赴任。民国时期颇有社会影响的“四公子”之一。

1925年，与姨太余学慈生一子，名为张范武。

1926年，28岁，父亲张謇去世。之后，名义上继任大生纱厂等企业董事长、私立南通大学校长。

1927年，29岁，整理父亲遗著。出版了《张季子九录》，写成了《南通张季直先生传记》。完成这两件大事之后，经营南通事业，正式接任了大生纱厂董事长、大达轮船公司总经理、淮南各盐垦公司常务董事长、大陆报馆董事等职。

1928年，小儿子张绪武出生。

1935年，张孝若不幸在上海一所公寓去世，年仅38岁。

张謇与儿孙们的家庭合影

第七章

世人评价

对历史人物的评价，有两个时间节点，一个是与该人物处在同一时代的当时之人对他的评价，另一个是后世之人对他的评价。前者是有终点的评价，而后者则是开放绵延的。当然后世之人还可以开创新的评价范式，扭转当时之人的观点，不过一切当以事实为依据。对于张謇也是一样，同样存在着当时之人的评价与后世之人的评价。

对于中国社会，中华人民共和国的建立无疑在整个国家思想观念和政治上都是非常明确的时间节点，我们不妨将对张謇的评价以这一时间作为对张謇当时之评与后世之评的分水岭。

在此说明，任何历史事件或是历史时代的时间分水岭不可能按照现代科学意义上的记时方式，用精确到秒、分、天等单位来作为标记，因为时代的观念具有绵延的特点，一代人的思维方式和观念总有几年或者几十年的存在历程。因此，在这里，我们用一个较为宽泛的“中华人民共和国初年”来对张謇之评价进行时段的区分，用具有鲜明政治主张的中国领袖的一段话来区别对待当时和后世两代人的评价。明确了这点，也就能够清楚地知道，张謇这个历史人物，对于中华人民共和国建立之前的“旧中国”，有何影响；对于中华人民共和国建立之后，又有何功绩。这段评价就是下面这段话。

中华人民共和国成立初年，毛泽东曾对黄炎培说：“在中国近代历史上，有四个人是我们万万不能忘记的。他们是：搞重工业的张之洞；搞纺织工业的张謇；搞交通运输的卢作孚；搞化学工业的范旭东……”“轻工业不能忘记海门张謇”。

第一节　当时之评

胡适：张季直先生在近代中国史上是一个很伟大的失败的英雄，这是谁都不能否认的。他独立开辟了无数新路，做了三十年的开路先锋，养活了几百万人，造福于一方，而影响及于全国。终于因为他开辟的路子太多，负担的事业过于伟大，他不能不抱着许多未完成的志愿而死。这样的一个人，是值得一部或以至于许多部详细传记的。

章太炎：承濂亭薪火之传，能以文章弁科第；载端木胡连之器，岂因货殖损清名。

梁启超：南通是我们全国公认的第一个先进城市，南通教育会和各教育团体是我国教育界中的先进者，他们价值之高，影响之大，国人共知。

黎元洪：仕隐系兴亡，居然成邑成都，代养万民光上国；安危存语默，堪叹先知先觉，未完七策奠新邦。

蔡元培：在地方兴教养诸业，继起有人，岂惟孝子慈孙，尤属望南通后进；以文学鸣光宣两朝，日记若在，用裨征文考献，当不让常熟遗编。

周学熙：生而为英，死而为灵，千余年衣被苍生，非但文章垂不朽；先天下忧，后天下乐，三千里玄黄血战，空余涕泪到弥留。

钱昌照：成败由天，毁誉由人，一生经济文章，都从实地做起；细行不矜，大德不逾，盖世功名事业，那堪浊浪淘来。

上海商务印书馆邝富灼向外国读者介绍中国张謇：（美国）洛克菲勒再施之于煤油，而即以之致富。在中国可以同他们并驾齐驱的，有张季直先生。……他抛弃了荣誉，更抛弃了因做官而得的势力和金钱，情愿找能替社会尽义务的机会，在中国实业上，另辟了一条新路，完全从他的机警、创造性和智慧几方面得来。先生为近代最高尚的学者，在四十年中，创造了很伟大而适合于中国的实业，而又把他的生长之地一个风气很闭塞的南通，变成中国的模范县。……各国外宾到访南通，无不感叹他所创造的南通，是中国的乐土。

[日本]内山完造：南通这地方，出了一位伟人，他的名字叫张謇（季直）。南通各项文化设施都经由张謇实现进行推广。诸如南通医学院、南通农学院、狼山天文台、博物馆、图书馆、中学、戏剧学校等，在博物馆内所有展品，都附有中、英、日三种文字的说明。另外还有中国最初的纺织工业大生棉纺公司、大生油厂、电灯公司及农业垦牧公司等，是中国当代最理想的文化城市，后来我还率领过五十多人特别从上海到南通参观各项建设，正因南通是这样一个经济繁荣、文化进步、活泼有朝气的城市，我们因而要更相近地推广南通。

[日本]驹井德三先生受日本外务省和商务省委托来中国调查产业，感

慨道：今者于中华国家，不问朝野，为开发中华抱一志愿而始终不改者，殆无一人。惟公（张謇）独居南通之地，拥江北之区域，献身于实业之振兴，尽心于教育之改革，卓举效果，此诗人之所以称伟也。如张公所怀之理想，数十年始终一贯，表面以分头于实业交通水利建设；里面则醉心于教育及慈善实业之学理，乃唯一主新中国之创造者，诚可谓治现今中国社会之良药，而非过言者也。

刘厚生：张謇一生似乎是一个结束两千年封建思想，最最殿后，而值得注意的一个大人物。同时亦是走向新社会，热心为社会服务的一个先驱者。

[美国]皮大卫：他的活动从一个侧面反映了中国近代绅商在中央政府失去对中国经济的控制以后积极填补政府职能真空方面所起的作用。张謇觉得他的实业、教育和水利工作都是为了国家的近代化。

日本北海道报纸1903年7月7日报道[①]：本次为了参观博览会，同时进行实业考察而来北海道的清人张謇氏，张氏字希直（此处有误，应为字季直），是江苏通州人，拥有状元——清国读书人的最高学位——称号，官居翰林修撰，修撰是翰林编修的领袖，只有状元才能出任。张謇是张濂亭的高足弟子，擅长古文，讲究经世之学，不慕虚荣；在家乡通州创设纺织公司，奖励实业；并出任南京文政书院山长，讲学育才。特别是得到张之

① 张謇参加日本第五次劝业博览会，日本报纸有多次系列报道，本书只列举其中一篇。本篇缩微胶片来自札幌，北海道立资料文书馆。转自海漪：《重访张謇走过的日本城市》，中国建筑工业出版社，2013年，第212页。

洞、刘坤一两位总督的信任，近年来实施新政之际，常延请其参与议事，得到他很多辅助。所著《变法平议》力陈效法日本的必要性，世有“日本通”之称。他的名片上列有大生纺织株式会社长、通海垦牧株式会社长、通州民立师范学校校长等头衔，可见他在纺织之外，还从事开垦事业，并以从事新教育者自居。他与普通的来北海道的观察者不同，他名望、学识兼而有之，且勇于实践。希望本道在他参观时，予以郑重接待。

翰林修撰張謇氏肖像

1903年7月7日日本北海道报纸的缩微胶片

杜威考察了南通之后，说：“南通者，教育之源泉，吾尤望其成为世界教育之中心也。”

张謇曾自评：予为事业生，予为事业死，虽曾就农商总长之职，然此不过为完成事业之一经过耳。

实际上，在当时之评价里，张謇还获得过最大范围的殊荣。1922年，报业在北京、上海举办过一次关于成功人物的民意测验，通过投票选举你心中“最景仰之人物”，这次投票中张謇获得的票数最高，他又一次获得了大众的认可，这一年正好是他的70岁大寿，投票的结果应是他最好的生日礼物了。

实际上，这些选票背后，更多的是人们看到了张謇的人品声望以及他给家乡南通带来的经济发展，他的实业给人民生活带来的翻天覆地的改变，使得一片乱局中看似衰弱的中国，获得了一股由儒商在实业主导带动下富有活力、新鲜跳动的生命力。

第二节 后世之评

如本章开篇所说，毛泽东在中华人民共和国成立初期的那句话可以作为张謇当时之评和后世之评的分水岭。毫无疑问，中国的历史人物通常也会在一段时期内获得某种带有时代印记的后世评价，因为每时段的历史评价都有独特的评价标准。中华人民共和国成立之后，自然有评价历史人物的新标准，而这个评价标准则来自毛泽东在《论联合政府》一文中所说的一段话。这段话是："中国一切政党的政策及其实践在中国人民中所表现的作用的好坏、大小，归根到底，看它对于中国人民的生产力的发展是否有帮助及其帮助之大小，看它是束缚生产力的，还是解放生产力的。"以这样的标准，张謇固然是一位对中国近代社会生产力发展具有极大推动力的人，而且他的出发点从不是为自己，而是为家国天下。由此可见，毛泽东在中华人民共和国成立之初，对他就早已持褒赞之词。

运用马克思主义的唯物史观解释历史人物的实践活动，这是一条科学的评价准则。根据马克思主义的基本原理，将历史人物的社会作用，归结到对社会生产力的发展所具有的意义，才能获得关于历史人物评价的最客观、最科学的性质。这也是此后中国社会各界开始围绕张謇展开历史性学术讨论的出发点。

从1987年开始，社会各界就开始围绕张謇组织数次国际学术研讨论，讨论张謇的功过，讨论张謇这位处于19世纪与20世纪之交的历史人物的重大贡献。这些研讨会一开就是三十余年，至今已经举办过七届了，前六届的学术成果均已出版，国际上也形成了对这位近代人物的热点关注。

自第一届张謇国际学术研讨会开始，在编后记里就有学者提出，应该从更加宽广的视角和更高的境界来研究张謇，提出了张謇这个历史人物的历史价值“应作为一门学问来对待”，需要建立“张謇学”这样的研究学科领域。这样的提法，的确与在某段较长时期内张謇研究遭遇不太公正的历史对待有关。好在后世评价的开放性和科学性，使得我们今天能够全面、多学科、多角度地审视这位儒商对中华民族的价值，在各种历史客观事实的证据下，还原这位状元实业家，这位儒生一生所追求的爱国自强之精神。

后世之评随时间序列的展开会不断增加，万古流传，在这里仅仅攫取湖海之评中的小小一瓢，以飨读者。

邢贲思：虚蛙知海大，云鹄摩天高。

孙起孟：探索张季直先生关于振兴经济发展教育的先进思想，借以推进我国科教兴国战略的有效实施，这是一件很有价值的工作。

严学熙：时势造就了英雄，英雄推动了历史。张謇的思想是时代先进思想的结晶。1987—1995年间，学术界对张謇的思想和历史贡献的认识和评价，愈来愈清楚并符合客观实际。

陈可吼：他生活的年代是中国社会大变革时期，他以儒家传统思想为基点，探索拯救国家民族危亡之途，在积极倡导“实业救国”和“教育救国”的过程中转化为实业家、教育家和政治家。……他在南通及附近地区所从事的事业，旨在建设一个“新中国雏形”，以探索一条适合中国国情的现代化道路。

王光英：张謇先生创立的大生企业集团是近代中国民营企业成功的突出典范，其英雄不仅震动东南，而且波及全国以至海外。

吕济民：四海切磋状元学，五洲探采华夏风。

穆烜：张謇是以振兴中华为己任的改革家和理想家，研究张謇及其实业基地南通，对认识近代中国有多重典型意义，这已成为显学。

陈舰平：当我们以这个标准来看中国现代化运动进程的开创期各代表人物时，发现张謇是中国现代化运动开创期，现代化运动最全面的参与者与贡献最大、历史影响最深远的开创者。

章开沅：在中国近代史上，很难发现另外一个人在另外一个县办成这么多事业，产生这么深远的影响，而至今在这个地区仍然到处可以感受到他的存在。

当然，还有很多研究张謇的专家学者，在历史事实的基础上会不断丰富对张謇的后世之评，张謇的价值会在未来继续辐射各方。正如胡适所说，像张謇这样的人物，应该有多部著作来记述和研究。

第三节 成败重评

中国近代的这位状元，他没有服务于朝堂，而是在一个叫做南通的地方实现了“学而优则仕”的抱负，他就是本书的主角。如此独特却又使人敬仰的人，来自怎样的成长环境？经历了怎样的人生旅途？又如何能够在“士”“商”两界同时问鼎人生巅峰，羡煞世人？这些问题的答案到了本书末尾自会揭晓。但在这之前，我们能否假想去思考这样一个问题，一直被视为屈辱的中国近代是否真的屈辱？

晚清失败了吗？的确失败了，因为政治的腐败，清廷早已理所应当地自食其果、自我覆灭。那中国近代失败了吗？也许未必，因为朝廷之外还有一些人士，他们在努力积极地探索中国自强自立的未来，而这些人中，就有本书的主角——张謇；而这些自强自立起来的基地之一，就是张謇所经营的这个地方——通州。

一位税务官员曾说：“通州是一个不靠外国人帮助，全靠中国人自力建设的城市，这是耐人寻味的典型。所有愿意对中国人民和他们的将来做出公正、准确估计的外国人，理应当去到那里参观游览一下。”这便是一位来自20世纪20年代十分了解南通发展状况的外国税务官E. G. Lowder对大家的历史邀请。走进南通，兴许各位会对张謇及近代中国有新的评价。

参考文献

[1]李明勋.尤世玮主编.张謇全集[M].上海：上海辞书出版社，2012.

[2]张謇著.文明国编.张謇自述[M].合肥：安徽文艺出版社，2014.

[3]张孝若.最艰难的创业者：状元实业家张謇传[M].北京：新世界出版社，2016.

[4]张謇研究中心.我与张謇研究[M].苏州：苏州大学出版社，2014（12）.

[5]庄安正.张謇生平年谱[M].长春：吉林人民出版社，2003.

[6]刘厚生.张謇传记[M].香港：香港龙门书店，1965.

[7]冯尔康.18世纪以来中国家族的现代转向[M].上海：上海人民出版社，2005.

[8]徐建华.中国的家谱[M].百花文艺出版社，2010.

[9]周征松.家族史研究及其他[M].太原：山西人民出版社，2009.

[10]张廷栖,孟村.张謇画传[M].重庆：重庆出版社，2007.

[11]王敦琴.张謇研究精讲[M].苏州：苏州大学出版社，2013.

[12]陈红晓，张謇:中国现代纺织业开拓者[M].北京：中国财政经济出版社，2014.

[13]于海漪.重访张謇走过的日本城市[M].北京：中国建筑工业出版社，2013.

[14]羽离子.东方乌托邦：近代南通[M].北京：人民出版社，2007.

[15]李建求.一位实业家的教育救国梦[M].北京：世界图书出版公司，2011.

[16]章开沅.开拓者的足迹：张謇传稿[M].北京：中华书局，1986.

[17]章开沅，田彤.张謇与近代社会[M].武汉：华中师范大学出版社，2001.

[18]章开沅.田彤.辛亥革命时期的张謇与近代社会[M].武汉：华中师范大学出版社，2011.

[19]王喜旺.教育家张之洞研究[M].济南：山东人民出版社，2016.

[20]姜光斗.张謇与海门著名诗人周家禄的情谊[A].海门市张謇研究会博客，2016-5-22.

[21]文昊.民国的实业精英[M].北京：中国文史出版社，2013.

[22]汪向荣.日本教习[M].北京：商务印书馆，2014.

[23]邓鸿光.关于毛泽东评价历史人物标准的思考[J].史学理论研究，1994.

[24]江南经济史研究室编.论张謇：第一届张謇国际学术研讨会论文集

[A]，南京：江苏古籍出版社，1993.

[25]严学熙主编.近代改革家张謇：第二届张謇国际学术研讨会论文集[A]，南京：江苏古籍出版社，1996.

[26]崔之清主编.中国早期现代化的前驱：第三届张謇国际学术研讨会论文集[A].北京：中华工商联合出版社，2001.

[27]第四届张謇国际学术研讨会组委会主编.张謇与近代中国社会——第四届张謇国际学术研讨会论文集[A].南京：南京大学出版社，2007.

[28]崔之清主编.张謇与海门：第五届张謇国际学术研讨会论文集[A].南京：江苏古籍出版社，2010.

后　记

今人能为古人事，述者当知作者心。——张謇

能够通过字里行间的记述走进一位伟大儒士的一生，是作为读者的我的幸福；与百年前乱世中的开拓者一同探寻富国的济世良策，是作为青年的我的幸运。然而，要将这本分、实干的儒者心思和作为撰述陈述，这实在是作为笔者的我的惶恐。

在别人眼里，张謇是一个状元，是金榜题名的佼佼者；在别人眼里，张謇是一个大儒商，他经营南通各类产业，是响当当的大老板；在别人眼里，张謇是善于结交名流的乡下人，只是处处有贵人提携，才能最终平步青云……在别人眼里，张謇令人羡慕的不外乎这状元之“名”与商业之“利”，他这名利双收的一生，不恰恰正是千百年来传统中国一部分人孜孜不倦追求的吗？于是有人透过张謇高中状元那一日的诗句发出感慨：说来人也奇怪，有人一心所追求的东西，突然得到了却不在乎；有人细数张

謇的资产与豪宅，认为识时务者为俊杰，还是聪明人懂得干大事，赚了大钱还过上了好日子。其实，恕我冒昧，我想说，这些人都没有真正读懂张謇，因为他们用自己眼中的“名”和“利”作为标尺，仅从某一个侧面、某一些表象就了然决断了张謇的一生，而并未尝试去体察张謇所经历的生活，所读过的诗书，所获得的思想以及周遭的乱世……当然，他们也许没有心思去过深地理解张謇的心，因为他们还有更重要的“名”“利”经验需要自己再去取经学习，如若是这样，我也不愿劝他们去“懂”张謇，想必张謇先生一生所经历的毁誉诸多，也自不会去再劳神费心地让别人懂他。只不过有一点我与张謇先生志同道合，至少在这部拙著里，晚辈尽力做到“述者当知作者心”。

感谢我的导师徐勇教授给我提供这么一个机会，让我认识了如此伟大之人。在近一年的阅读和资料收集过程当中去体察一位百年前儒者的心路历程，除了脚踏实地去阅读史料，别无他法。别人再多褒奖、赞誉，也不过是浮世之说，只有进入一篇篇日记，一首首兴起而作的诗篇，才最能读懂当事者本人的思想和真心。

人的一生，都是一日一日度过的，每日的所思所想、喜怒哀乐，便构成了这七八十年的人生；人的家族，有时候跌宕起伏，上几辈光耀门楣，下几辈兴许就世事难料了。正是张謇太过伟大，他祖上几代就略显普通，但也正是这踏实纯朴的田舍农耕家风，让张謇此后的事业总是心系民生、心系疾苦之人，“天地之大德曰生”，这便是出自农耕之家的儒士最深切的人生体悟；正因为张謇先生太过有才，他从小悉心培养的儿子除了被自己寄予厚望，也被所有人寄予厚望，正是一贯以来踏实的家风和晚年遗留的《家诫》让张氏一家儒风正派，遗传至今。

张謇，通过自己的一生，为我们展现了那一代儒者为人儿子、为人夫君、为人父亲的作风；走近张謇，你能看到一个老者望子成龙的固执，也能看到单凭借一番学识和人品闯荡考场的书生，更能看到顶着状元盛名大干实业的慈善儒者……最后，留给我们印象最深的应该还是这纯朴小农之家如何在中国近代生活，在社会转型过程中努力做了一番弄潮儿。

张謇如何评价自己的一生？做了如此伟大事业的他没有给自己留下墓志铭，而是在墓门横石上题写了“南通张季直先生之墓”，墓门两旁的联语为：“即此粗完一生事，会须身伴五山灵。”

张謇晚年如何认识自己？他给自己取号啬翁，指出自己的出身不过是个普通的田舍之家，虽说通过之后农商自立、亦耕亦读家族获得了富裕，自己也在老父亲的百般鼓励下取得了天下大魁，可是自己想要做的事情还是和先贤圣人一样，期待能够作为君王的左膀右臂，期待为天下治乱世寻找和平富裕之路，从而看到国家能够自强不息。张謇晚年每每借款画押，总是落下“自强不息”或是“自强”的签名，忧心于天下国家兴亡，尽己所能造福一方，这就是张謇让张氏一族家风再次升华的最好证明。

在这样期许国家自强不息的理想下，直到最末，张謇认为自己也尚未完成此番事业。“粗完”了事一生，既是对未竟事业的一番叹息，也是对后辈们继往开来寄予厚望。百年过后，只能让张謇于国家现代化的志向陪伴、激励我们，让中国自强吧。